FÜR DICH VON

SUSAN SIDEROPOULOS

SETZ DOCH MAL DIE
ROSAROTE BRILLE AUF!

Inhalt

Vorwort

Manchmal ist Social Media ein richtiger Glücksfall. Es war im Herbst 2018, als ich in meinem Instagram-Account eine Nachricht von Susan fand. Sie hatte gerade mein Buch gelesen und schrieb mir, wie sehr es ihr in einer schwierigen Zeit geholfen habe. Seit dieser ersten Nachricht hat sich zwischen Susan und mir eine wundervolle Freundschaft entwickelt.

In diesem Buch nimmt uns Susan in ihrer wunderbar ehrlichen und humorvollen Art mit auf eine Reise durch das häufig ziemlich fiese Showbusiness, aber vor allen Dingen nimmt sie uns mit auf ihre innere Reise. Eine Reise, die über Vergebung, Loslassen und Heilung letztlich zurückführt in ihr Herz und damit auch uns als Leser wieder an das Gute glauben lässt. Susans unbändiger Optimismus und ihre Lebensfreude lassen die Welt gleich freundlicher und bunter aussehen, auch wenn es gerade vielleicht etwas schwierig sein mag.

Rosarotes Glück ist eine kraftvolle Erinnerung daran, wie wichtig es ist, uns selbst treu zu bleiben, auch wenn wir uns verloren fühlen. Es erinnert uns daran, dass wir gerade in den schwierigen Momenten unseres Lebens nicht den Mut verlieren dürfen, sondern dass jede Herausforderung die Möglichkeit beinhaltet, uns wieder mit unserer eigenen Kraft und dem Glauben an uns selbst zu verbinden. Und vor allen Dingen erinnert uns Susans Buch daran, dass wir immer die Wahl haben, einen Blick durch die rosarote Brille zu wagen. Ich wünsche dir viel Freude und tolle Erkenntnisse während des Lesens!

Deine Laura

Als ich das Glück verlor ...

ODER ES ZUMINDEST DACHTE

I ch erzähl dir mal ein Geheimnis. Meine Branche, diese Glitzer- und Glamourwelt, glitzert nicht immer so hell, wie es scheint. Okay, das ist nicht wirklich ein Geheimnis, und wahrscheinlich wusstest du es schon vorher. Es ist sogar eigentlich ganz simpel – wenn es läuft, dann läuft es, und wenn nicht, dann nicht. Der einzige Unterschied zu anderen Branchen ist: Bei uns gucken alle dabei zu. Und nicht nur das. Wo normalerweise die Familie, Freunde und vielleicht noch Bekannte ungefragt ihren Senf dazugeben, hat in unserem Fall einfach jeder eine Meinung. Zu allem. Und seit Social Media ist die natürlich auch noch für alle Welt sichtbar.

Ich sag's mal so: Lange Zeit kannte ich nur die eine Seite der Medaille, wenn es läuft. Alles war immer prima. Alles war gut. Mir hat man mein ganzes Leben lang gesagt: »Susan, setz doch mal die rosarote Brille ab.« Und ich entgegnete dann immer: »Nein! Setzt ihr doch mal die rosarote Brille *auf*!«

Ich fokussiere mich schon seit jeher ganz bewusst auf die schönen Dinge im Leben. Böse Zungen würden behaupten, ich sei naiv, leichtgläubig, unrealistisch, eine Träumerin – »Ach Susan, bei dir ist immer alles Love and Peace.« Und weißt du was? Es stimmt. Als überzeugte Positivdenkerin hab ich zwar die Ups and Downs im Leben wahrgenommen, aber irgendwie ging's immer weiter, und ich lebte fröhlich nach der Devise:

Wenn der liebe Gott eine Tür schließt, öffnet er woanders ein Fenster.

Das war lange Zeit mein Lebensmotto. Und so war es tatsächlich, das Leben hat viele Fenster für mich geöffnet. Auch die eine oder andere Tür geschlossen – *that's life*! Allerdings hat sich bei einer Tür, die erst offen war, sich dann aber verschlossen hat, mit einem Mal *alles* in meinem Leben verändert.

Der Anfang fühlte sich an wie ein Traum

Was ist dein größter Traum? Hast du schon mal darüber nachgedacht? Ein eigener Laden? Heiraten? Eine Weltreise? Kinder? In deiner Firma aufsteigen? Deine Kunst ausleben?

Ich bin Schauspielerin und Moderatorin und seit 20 Jahren im deutschen Fernsehen unterwegs. Dass ich mein ganzes berufliches Leben ausschließlich von meiner Berufung leben kann, weiß ich sehr zu schätzen, das ist keine Selbstverständlichkeit. Ich bin die Blonde mit dem griechischen Nachnamen, die mit ihrer Zahnlücke meist gut gelaunt in die Kameras lächelt. Ich denke, so würde man mich beschreiben.

Ja, ich liebe meinen Job. Genau das wollte ich machen, seit ich denken kann. Das alles. In Rollen schlüpfen, durch Shows führen, Gast in Unterhaltungsshows sein, rote Teppiche, Fotoshootings. Ich wollte das volle Programm. Daraus habe ich nie ein Geheimnis gemacht. Wieso auch? Es war und ist mein großer Traum.

Vor ein paar Jahren sollte eine neue Serie auf den Markt kommen, eine tägliche Serie. Sie sollte vom Singleleben in der Großstadt handeln. Der Suche nach der großen Liebe. Es gab ein großes Casting mit mehreren Runden, und ich bekam die Titelrolle: Mila. Für mich erfüllte sich damit ein riesengroßer Traum, um nicht zu sagen: *der große Traum*. Hätte man mich Jahre zuvor gefragt: »Was wünschst du dir beruflich für die Zukunft? Wovon träumst du?«, dann hätte ich geantwortet: »Die Hauptrolle in einer täglichen Serie spielen, die witzig und modern ist.«

Alles passte zusammen. Wer mich kennt, weiß, dass ich ein totales Fleißbienchen bin. Viel Text lernen und über Wochen und Monate stundenlang am Set stehen – für mich kein Problem.

Das Kapitel *Mila* ging also los, und ich war quasi von Tag eins mit an Bord. Erst drehten wir einen Imagetrailer, um auch den Sender zu überzeugen. Geklappt! Alle waren in großer Euphorie, alle Abteilungen arbeiteten mit ganz viel Liebe am Projekt *Mila*. Und dann startete das Casting für die übrigen Rollen. Über mehrere Wochen spielte ich dabei mit so vielen wundervollen Kollegen, und langsam wurden wir mehr und mehr zum Team meiner Träume. Es war eine spannende Erfahrung, von Anfang an so nah an der Realisierung einer so großen Serie dabei zu sein. Alles fühlte sich surreal an, fast zu schön, um wahr zu sein. Die ersten Drehbücher waren fertig, und ich musste zu Hause beim Lesen laut auflachen. Warum erzähl ich dir das alles? Ich möchte dich einfach gerne mitnehmen auf meinem Weg nach oben, damit du besser verstehst, was dann passierte …

Bereits über ein Jahr war vergangen, und der Beginn der Dreharbeiten stand an. Mein ganzes Herzblut floss in dieses Projekt, und die Vorfreude wuchs mit jedem Tag. Ich lernte Berge von Textbüchern auswendig, und dann ging es endlich wirklich los. Die Tage waren endlos. Wenn ich nach einem langen Drehtag dann nach Hause kam, musste ich den Text für den folgenden Tag vorbereiten. Und wie das so ist bei Hauptrollen, war ich so ziemlich in jeder Szene auf die eine oder andere Weise mit dabei.

Meine Familie kam in dieser Zeit ziemlich zu kurz. Mein Mann Jakob, mein weiser Seelenpartner, der Super-Mann, liebevoll »Mapa« genannt, wuppte die Kinder, den Haushalt und seinen Job. Da er wusste, dass sich für mich hier gerade ein Traum erfüllte, hielt er mir den Rücken frei und unterstützte mich, wo er konnte.

Ich schwebte wie auf Wolken und konnte mein Glück kaum fassen. Noch nie hatte sich jobmäßig etwas so richtig angefühlt. Es gab Tage, da sagte ich zu meinen Freundinnen: »Bitte kneift mich mal, passiert das gerade wirklich?« Ihr kennt das sicher. Oftmals sagen wir: »Alles ist gut, aber…« oder »Wäre da noch diese eine Sache, dann…« Doch bei *Mila* war einfach alles perfekt. Es war, wie endlich die Liebe deines Lebens zu finden. Kurz vor der Ausstrahlung wurden im ganzen Land Plakate aufgehängt, mit meinem Gesicht drauf, und ich wusste: Jetzt geht's wirklich los. Nach fast zwei Jahren Vorbereitung ging *Mila* on air.

Kannst du dich daran erinnern, als Leonardo DiCaprio endlich einen Oscar bekam? Gefühlt hat in dem Moment jeder gedacht: »Endlich. Wie viele grandiose Rollen sollte er denn noch spielen, bis er endlich dieses Ding bekommt?« Ich bin nicht Leo, und der Vergleich hinkt ein wenig. Aber in etwa so intensiv war mein persönliches Gefühl, das sich überglücklich in meinem ganzen Körper ausbreitete angesichts der enormen Wertschätzung und Chance, die ich mit *Mila* plötzlich bekommen hatte.

Parallel dazu ging noch ein zweiter Traum von mir in Erfüllung. Ich wurde Teil der Jury von »Got to Dance Kids«, einer zauberhaften Tanzshow mit Kindern, voller Emotionen und *magic moments*. Ich liebe diese Art von Show, es fühlte sich wie der Himmel an, und ich konnte mein Glück kaum fassen. Mein Bauchgefühl sagte mir die ganze Zeit: »Siehst du, Susan, alles fügt sich. Darauf hast du hingearbeitet. So soll es sein.«

Doch alles kam ganz anders

Zwei Wochen bevor die erste Folge lief, hatten wir eine große Pressekonferenz, bei der die ersten drei Folgen gezeigt wurden. Das Feedback war wunderbar, die Pressevertreter sprachen davon, wie großartig und innovativ die Serie sei. Und weil uns von allen Seiten nur Positives entgegenkam, hatte ich keine Sekunde die Befürchtung, dass irgendetwas schiefgehen könnte …

Dass sich das Fernsehverhalten insgesamt verändert hat, hast du vielleicht mitbekommen. Immer weniger Menschen schauen noch zu bestimmten Uhrzeiten ein bestimmtes Fernsehprogramm. Internet und Streaming nehmen im Leben der Menschen mittlerweile einen immer größeren Raum ein. Damals war genau die Zeit des großen Wandels und Umbruchs.

Als die erste Folge von *Mila* lief, waren wir alle noch Feuer und Flamme. Unzählige Nachrichten trudelten ein, voller Begeisterung und Glückwünschen. Und am nächsten Morgen dann – die Quote! Damit meine ich die Einschaltquote, die von einem kleinen Prozentsatz an Zuschauern auf die Bevölkerung hochgerechnet wird. Die Quote ist in unserer Branche der Todesstoß jeglicher Begeisterung und Euphorie. Oftmals hatte ich das Gefühl, als würde man *vor* und *nach* der Quote von zwei unterschiedlichen Formaten sprechen. Als hätten die Formate plötzlich an Inhalt und Qualität verloren. Das Gleiche gilt für die Presse. Vor der Ausstrahlung wird etwas in den Himmel gelobt – und nach der Ausstrahlung ist auf einmal vom »Flop des Jahres« die Rede. Die entsprechende Schlagzeile wird dann nur noch kopiert, und kein Journalist hinterfragt sie auch nur eine Sekunde lang.

Wie sehr wünschen wir Schauspieler, Film- und Fernsehmacher uns Journalisten, die eine eigene Meinung haben, zu der sie stehen! Wo sind die Überschriften, die neue Formate loben und den Zuschauern Lust darauf machen? Aber darauf warten wir vergebens. Negativschlagzeilen funktionieren einfach besser.

Und so fallen wir kollektiv. Denn jedes neue Format, das sich nicht durchsetzt, macht es für alle anderen auch schwerer. Aus dem Grund frage ich mich immer noch, wie es sein kann, dass so viele Kollegen ebenfalls missgünstig sind und sich insgeheim sogar freuen, wenn's mal schiefgeht. Letztendlich sitzen wir doch alle im selben Boot. Das wird mir für immer ein Rätsel bleiben, genau wie die generelle Missgunst in unserer Gesellschaft. Wieso wird das Fallen mehr gefeiert als das Fliegen? Es fühlt sich manchmal so an, als würden die Menschen fast darauf warten, dass etwas schiefgeht. Erst mal ordentlich den neuen Schweiger-Film auseinandernehmen – »Für Amerika hat es halt nicht gereicht« –, anstatt ihn für den Mut zu feiern, einfach mal was zu wagen und es auch durchzuziehen! Fast ein typisches Muster. Genau wie das Schubladendenken, das kein Ende nimmt. Ob in der Musik oder bei Film und Fernsehen. Wieso können wir Castingshowgewinner nicht genauso abfeiern wie Musiker, die es auf einem anderen Weg gemacht haben? Ihr Herz brennt doch für dieselbe Sache. Genau wie Schauspieler aus einer täglichen Serie nicht ganz genauso angesehen werden wie die, die Kino machen. In anderen Ländern ist das alles durchaus möglich. Fragen über Fragen. Die Gedanken mussten mal kurz raus, aber nun zurück zu *Mila*…

In unserem Fall war es besonders hart. Die Quote lag weit unter dem erwarteten Wert, aber noch gab es Hoffnung, und wir schauten positiv nach vorne. Eine tägliche Serie braucht eben eine gewisse Zeit, damit das Publikum sie für sich entdeckt. Aber genau diese Zeit wurde uns nicht mehr gegeben.

Die Woche war echt zehrend. Jeden Tag drehten mein Team und ich zwar voller Freude weiter, und doch lagen uns die Werte im Nacken. Ich behielt allerdings weiterhin schön meine rosarote Brille an und sagte mir: Das wird schon werden. Das Fernsehen hat sich verändert, die Menschen brauchen etwas mehr Zeit, um Programme wahrzunehmen. Und das Gute an einer täglichen Serie ist ja eigentlich, dass man als Zuschauer ohne Probleme etwas später einsteigen kann. Alles wird gut!

Aber es wurde nicht gut. Sondern viel schlimmer, als ich es mir vorstellen konnte. Nach nur zehn Tagen kam der niederschmetternde Anruf vom Sender. Ich saß gerade am Flughafen, um für die Aufzeichnung von »Got to Dance Kids« nach Köln zu fliegen. Kurz vor dem Einsteigen klingelte mein Telefon, und ich hörte dann jenen Satz, den ich immer noch ganz deutlich im Ohr habe: »*Mila* wird umgehend abgesetzt, heute lief die letzte Folge.«

Da war sie, die Tür. Diese riesengroße, mächtige Tür. Und diesmal fiel sie nicht leise ins Schloss. Sondern sie knallte laut und plötzlich vor meiner Nase zu. Mein Herz blieb einen Augenblick lang stehen. Ich legte auf und stieg ins Flugzeug. Ich weinte. Nicht richtig, aber mir liefen die Tränen herunter. Es fühlte sich wie eine Schockstarre an. Im Hotel angekommen, musste ich mich erst einmal sortieren und rief meinen Mann und meinen Agenten an. Meine Gefühle überrollten mich. Wut, Fragen, Enttäuschung, Trauer, Schock. Niemand konnte mir helfen.

Es gab bloß einen Moment in meinem Leben, in dem ich mich ähnlich gefühlt habe. Als ich zum ersten Mal schwanger war und ich das Baby in der neunten Woche verlor. Ich kann mich noch ganz genau an den Moment erinnern. Als wärs gestern gewesen, weiß ich, wie ich mich fühlte: Das Leben hat mir etwas geschenkt und es mir dann wieder genommen.

Wir Menschen sind ja immer am Planen, und je konkreter die Zukunft erscheint, desto sicherer fühlen wir uns. Dass die Zukunft nur eine Illusion ist, begreifen wir nicht. In meinem Fall bedeutete das: Ich hatte mein Leben mit dem Kind schon ganz klar vor mir gesehen, meine Zukunft. Und so hatte ich auch mein Jahr als Mila gesehen und alles, was damit einherging.

Heute weiß ich, dass wir *immer* nur das *Jetzt* haben und die Zukunft bloß unsere Fantasie ist. Aber selbst wenn man das weiß, ist es schwer, sich von den Bildern seiner Fantasie zu trennen. Schließlich fühlen sie sich so real an… Mit *Mila* war es genauso. Das Gefühl, dass man mir etwas genommen hatte, war unfassbar stark. Selten fühlte ich mich so allein und hilflos.

Rückblickend bin ich ungemein dankbar, dass ich zu dem Zeitpunkt schon meinen Mann und meine Kinder hatte. Ehrlich gesagt, weiß ich nicht, wie ich sonst mit der extremen Situation umgegangen wäre, als ich die Nachricht erfuhr. So allein in einer anderen Stadt… Alles war surreal.

Beim Dreh am nächsten Tag für die Show sprachen mich die Kids natürlich ständig auf *Mila* an – wie toll sie die neue Serie fänden. Das trieb mir immer wieder die Tränen in die Augen. Mit ganz viel Kraft und Professionalität hab ich diese lustige Entertainmentshow abgedreht. Die, by the way, für denselben Sender war!

Zurück in Berlin musste ich am Montag gleich wieder ans Set. Denn wenn du glaubst, das wär's schon gewesen, irrst du. Die echte Qual ging erst jetzt los! Wir mussten nämlich vertraglich die geplanten 75 Folgen noch zu Ende drehen. Wohl wissend, dass sie kaum noch jemand sehen würde. Gesendet wurde das Ganze auf einem kleineren Sender um die Mittagszeit.

Jeden Morgen am Set zu stehen und diese wundervolle Serie mit diesem wundervollen Team zu drehen – in dem Bewusstsein, dass es vorbei war, bevor es wirklich angefangen hatte –, das nannte ich immer die Totgeburt. Das Baby austragen, obwohl ich wusste, dass es tot war. Ja, ich weiß, das klingt makaber und pathetisch, aber anders kann ich meine Gefühle nicht beschreiben. Und falls du überhaupt nichts mit unserer Branche zu tun hast, ist es sonst vielleicht schwer, das Ausmaß nachzuempfinden.

Die nächsten zwei Wochen schleppte ich mich ans Set. Schaute in die traurigen und fassungslosen Gesichter meines großen Teams, denn es ging ja nicht nur um mich und nicht nur um die Schauspielkollegen. Alle in der Kette von jetzt auf gleich arbeitslos. Auch das ist Teil unserer Realität, der Glitzer- und Glamourwelt. Jeden Morgen wachte ich auf und hoffte, dass alles nur ein Traum sei. Aber es war die absolute Realität. Mein Traum war zu Ende, bevor er wirklich angefangen hatte.

Und ohne dass ich es merkte, veränderte ich mich … Meine gesamte Energie ging dafür drauf, irgendwie zu funktionieren. Mein Kopf und mein Körper führten täglich einen Kampf. Mein Kopf, der mir immer sagte: Das kann alles nicht sein, hier passiert was Falsches. Und mein Körper, der darauf mit Übelkeit reagierte und immer schwächer wurde.

Sechs Wochen, ein einsames Haus am Meer und wir

Mein wundervoller Mann Jakob zog die Notbremse und traf damals die absolut richtige Entscheidung. Er organisierte uns einen mehrwöchigen Aufenthalt ganz weit weg, und so flogen wir direkt nach Abschluss der Dreharbeiten nach Thailand.

Diese magische Zeit war ein Geschenk, und heute weiß ich, dass wir sie niemals erlebt hätten, wäre mein Leben anders verlaufen. Diese eine lange Reise, bevor für unsere Kids die Schule losging und wir nie wieder so frei sein würden. Es war mit Abstand die schönste Reise, die ich je gemacht habe. Kein Make-up, keine festen Schuhe, nur Bikinis und ein Koffer voller Bücher. Viele Gespräche mit Jakob, viele Tränen, immer zwei Schritte nach vorne und doch wieder einen Schritt zurück.

> **Jakob sagt immer:**
> *Nicht zu vergeben ist wie Gift zu trinken und zu hoffen, dass der andere stirbt.*

Ein wundervolles Buch, das ich in Thailand las, ist *Verzeih dir* von Manfred Mohr. Es handelt von Vergebung. In dem Buch geht es darum, seinen Frieden mit Menschen und Situationen zu machen, ohne wirklich mit ihnen in Kontakt zu treten. Denn das ganze Geheimnis liegt darin, dass du mit *dir selbst* Frieden schließt.

Viele glauben, dass Vergeben etwas mit einer anderen Person oder der Situation zu tun hat. Deshalb tun sie sich auch so wahnsinnig schwer damit. Sie möchten unter keinen Umständen der anderen Person die Genugtuung geben. Sie glauben, vergeben würde heißen, dass sie nachgeben oder sich kleinmachen.
Aber es ist genau andersrum.

- *Vergeben ist Frieden.*
- Frieden für dich. Frieden für deine Seele.
- Vergeben ist Loslassen.
- Vergeben ist Leichtigkeit.
- Vergeben ist Freiheit.

Spürst du schon beim Lesen, wie leicht diese Worte sich anfühlen?
Loslassen, Leichtigkeit, Freiheit.
Und wie hart und fest sich das Gegenteil anfühlt?
Festhalten, Schwere, Zwang.

Und so versuchte ich, die Übungen im Buch zu machen. Unter anderem gab es eine Meditation, die sich *Ho'oponopono* nennt, was auf Hawaiisch so etwas wie »in Ordnung bringen« bedeutet. Ich versuchte, den Menschen zu vergeben, die die Entscheidung gefällt hatten, mein Leben so drastisch zu verändern. Und ich versuchte zu verstehen, dass das keine Entscheidung *gegen* mich war, sondern dass ich nur ein winziges Glied in einer Kette war, die das große Ganze noch nicht fassen konnte.

Das ist auch ein wichtiger wesentlicher Teil unserer Branche, den viele unterschätzen oder auch gar nicht sehen. Sie ist unglaublich willkürlich. Für uns Künstler ist dieser Aspekt der schwerste. Oft hören wir Sätze wie: »Du darfst das nicht persönlich nehmen.« Ja, in der Theorie sicherlich richtig, aber jetzt mal ehrlich, wie soll das gehen, wenn dein Produkt du selbst bist?

Ich schrieb Briefe, die ich nicht abschickte, einfach für mich. Das schwere Gefühl in meinem Bauch löste sich zeitweise, und in solchen Momenten war mir weniger übel.

Ich wollte unter allen Umständen diese Zeit in Thailand wahrnehmen und genießen. Die Sache ist ja die, wir können am schönsten Strand der Welt sitzen, aber *uns selbst nehmen wir immer und überallhin mit*. Das bedeutet, allein eine andere Umgebung wird deine Probleme nicht lösen, auch wenn wir oft den Gedanken haben, einfach wegzulaufen und dann wird alles gut.

Ich war also an dem schönsten Strand, den ich je gesehen hatte, und musste mich bewusst dafür entscheiden, *ihn* überhaupt zu *sehen*. Ich musste mich bewusst entscheiden, meine rosarote Brille aufzusetzen und die Perspektive zu wechseln. Und da war er, dieser wunderschöne Strand in all seiner Pracht! Mein Körper kribbelte, und ich fühlte mich lebendig. Das erste Mal seit Langem fühlte ich mich wieder gut.

Neue Türen
und doch kein Glück

Zurück in Berlin folgte ein schöner Sommer in Bad Segeberg. Ich bekam eine Hauptrolle bei den Karl-May-Festspielen und spielte die Ellen Patterson im *Schatz im Silbersee*. Ich durfte reiten lernen und fühlte mich wie bei »Let's Dance«, nur mit Pferd. Ich liebe diese Art von Herausforderung. Das ist das Tolle an meinem Beruf, die Chance, ganz neue Dinge zu lernen.

Wieder einmal befand ich mich also an einem absolut idyllischen Ort, in einem Hotel mit Blick auf einen wunderschönen See. Sonne, Natur, Reiten und täglich ein Riesenpublikum. Und wieder holte mich das inzwischen schon vertraute Gefühl der Schwere in meinem Bauch ein. Und die Stimme in meinem Kopf sagte ständig zu mir: »Ja, es ist zwar schön hier, aber eigentlich solltest du doch Mila sein.« »Mila war perfekt.« »Alles war so perfekt.« »Alles sollte doch in Wirklichkeit ganz anders sein.«

Mir wurde direkt wieder übel. Nein, Susan, nicht zuhören! Schnell eine Ablenkung, eine Freundin anrufen, Netflix gucken, egal was – Hauptsache, die Gedanken werden still. Ich versuchte, mir immer wieder gut zuzureden, aber ich spürte, wie viel Energie mich dieser Kampf zwischen Herz und Kopf kostete. Das lag natürlich vor allem daran, dass ich mir selbst kein Wort glaubte.

Ich kann mir vorstellen, dass du gerade denkst: »Wo ist ihr Problem? Es ging doch direkt weiter. Klagen auf hohem Niveau. Klingt irgendwie undankbar.« Das stimmt, in genau diesen Momenten werden wir undankbar dem Leben gegenüber.

Aber kommen wir noch mal zurück zum Lebenstraum. Ich lade dich ein, beim Lesen an deinen persönlichen Traum zu denken.

Kennst du das – wenn du dich so stark auf eine einzige Sache fokussierst, dass du all die anderen wundervollen Dinge nicht mehr wahrnimmst? Genau darum geht es. Ich glaube, wir alle haben das schon mal erlebt.

> Jakob sagt immer:
> Es ist wie mit der Liebe.
> Wenn du eine neue gefunden hast,
> wirst du die alte überwinden.

Vielleicht war Karl May für mich nicht die neue Liebe, die stark genug war, meine alte Liebe abzulösen. Innerhalb der nächsten drei Jahre kam allerdings auch sonst kein Angebot oder Job, der mir den Schmerz nehmen konnte.

Es folgte ein Auf und Ab. Es gab Durststrecken, aber auch viele unterschiedliche Aufträge, wunderschöne Jobs – doch genau wie beim schönsten Strand in Thailand war ich nicht in der Lage, sie als solche wahrzunehmen. Ich hatte einfach einen anderen Weg für mich vorgesehen. Der mich woanders hinbringen sollte. Und dieser Plan machte mich blind für all die anderen Wunder, die mir täglich immer wieder begegneten.

Es wurde sogar noch schlimmer. Das Auf und Ab in unserer Branche ist schon, wenn man in einer guten Verfassung ist, nicht immer leicht wegzustecken, aber sobald man emotional etwas angeschlagen oder labil ist, kann es gefährlich werden.

Nicht umsonst lesen wir fast täglich von Hollywoodstars, die wir für wahnsinnig erfolgreich und glücklich hielten, dass sie sich vor Kummer den letzten Drogenschuss gegeben haben.

Es ist eben nicht alles
Gold, was glänzt

Meinen Freunden, die nicht in meiner Branche arbeiten – und das sind die meisten –, beschreibe ich es immer als einen Rauschzustand. Ein Job kommt rein, und du bist wie auf Wolke sieben, fühlst dich elektrisiert, und irgendwie schwebst du. Dann ist es wieder vorbei. Du zehrst vielleicht noch einen Augenblick davon, fällst dann aber tief. Ins Ungewisse.

Von außen ist dieser Zustand selten zu sehen. Zu gut beherrschen wir es, die Fassung zu bewahren. Bloß keine Schwäche zeigen. Das *Außen* hat in unserer Branche einen wahnsinnig hohen Stellenwert. Auch wenn wir uns das oft nicht eingestehen wollen und glauben, wir würden aus unserem *Innersten* heraus handeln. Im Grunde sind wir viel öfter fremdbestimmt.

Eigentlich ist dieses Auf und Ab normal für jeden Freiberufler, vielleicht kennst du es sogar selbst. Aber was sagte ich am Anfang? Der Unterschied besteht vor allem darin, dass unsere Branche so stark unter Beobachtung steht. Doch wer guckt eigentlich? Wer beurteilt? Vielleicht sind es letztlich doch wir selbst, die uns *be-* oder sogar *ver*urteilen? Social Media hat die ganze Sache noch verstärkt. Ich liebe Instagram und konsumiere es viel zu viel. Dabei muss uns aber eins klar sein: Wir alle sehen dort vor allem unsere vermeintlichen Defizite.

Wer von uns kennt das nicht? Wenn du kein Geld oder keine Zeit für Urlaub hast, siehst du nur noch Posts von Menschen in der Sonne oder am Strand. Hast du einen Babywunsch, ist plötzlich jede auf Instagram schwanger und sieht dazu noch blendend aus. Hast du wegen deiner Kinder schon seit Tagen keinen Schlaf

LEBEN IST DAS,
WAS PASSIERT,

während du

FLEISSIG DABEI BIST,
ANDERE PLÄNE

zu schmieden.

bekommen, siehst du Mütter, die mit ihren Babys gemütlich auf dem Sofa schlafen. (Absolut realistisch natürlich, dass der Mann dieses wundervolle Szenario fotografiert hat. Wahrscheinlich hat er anschließend noch den Geschirrspüler ausgeräumt. NOT!) Wenn du solo bist, siehst du überall nur glückliche Paare, die sich verloben oder vor einem wunderschönen Sonnenuntergang knutschen. Ach, und natürlich wenn du gerade nicht so happy mit deinem Körper bist, siehst du nur schlanke Menschen, die mit Leichtigkeit Sport machen und glücklich in die Pizza beißen.

Bei mir war es genauso; ich habe dort zeitweise nur Kollegen wahrgenommen, die wahnsinnig viel arbeiten. Gerade in Zeiten, in denen ich das Gefühl hatte, bei mir könnte ruhig 'n bisschen mehr passieren. Dabei weiß ich ganz genau, wie »real« Instagram ist. Wenn ich dreimal irgendein Foto von einer Veranstaltung poste, fragen mich sofort alle: »Wow, du bist ja nur noch unterwegs, läuft gerade richtig gut bei dir, oder?«

Fakt ist, der Job des Schauspielers hat eine Menge mit Warten zu tun. Ob auf einen Job oder auch am Set. Das Ganze einzurichten dauert manchmal länger als die Arbeit selbst. Aus Spaß sagen wir oft unter Kollegen: »Wir werden fürs Warten bezahlt, den Rest machen wir umsonst.« Einfach weil wir es gerne machen.

Wenn du allerdings aus einem täglichen Format kommst, so wie ich, sind die Erwartungen total groß. Die Zuschauer und auch die Pressevertreter erwarten, dass es immer so weitergehen müsste. Und das erhöht den Druck enorm, ob wir wollen oder nicht. Das bedeutet, wenn du von jetzt auf gleich eben nicht mehr täglich im Fernsehen zu sehen bist und wie alle anderen Schauspieler mal mehr, mal weniger Projekte hast, empfinden es die Zuschauer so, als würdest du plötzlich überhaupt nichts mehr machen.

Das machte es nicht gerade leichter für mich. Es entwickelte sich zu einem Rechtfertigungszwang. Auf den roten Teppichen kamen immer wieder die gleichen Fragen. »Was machen Sie gerade? Gibt es neue Projekte?« Unter uns, ich kenne kaum Kollegen, die dann einfach mal antworten: »Nö, eigentlich gerade nichts.« Es verwandelt sich in: »Darüber darf ich noch nicht sprechen.« Der Klassiker. Die Angst ist einfach zu groß, dass die Außenwelt denken könnte, dass bei einem nichts läuft. Und so wird der Kreislauf in Gang gesetzt, und der Druck wächst. Ob er nun wirklich von außen kommt oder hausgemacht ist – er ist da.

Zwar ging es immer irgendwie weiter, doch mein Lebensmotto mit dem lieben Gott, der Tür und dem Fenster verblasste immer mehr.

Ein Lichtblick

Im Oktober habe ich Geburtstag, und den habe ich schon immer geliebt! Als ich klein war, erwartete mich meine Mutter am Morgen mit einem schön gedeckten Tisch. Ballons, Kuchen, Kerzen, Geschenke. Genauso mache ich es heute mit meinen Kindern. Tradition ist Tradition. Später folgten meine großen, legendären Partys. Meist waren es Mottopartys. Ach, was war das immer schön! Wir hatten: *Be a Popstar, Freakshow, Gangster & Bitches*, dann meine unvergessliche *Bad Taste Party, Sweet 30 und Russian 33.*

Seit einigen Jahren mache ich nur noch Pyjamapartys mit meinen Mädels. Mit ganz viel Süßkram, Pizza, Spielen und ganz viel Lachen. Mein persönliches Highlight im Jahr. Ich liebe es einfach, meine ganzen verrückten Freundinnen einmal im Jahr alle auf einem Haufen bei mir zu haben. Mein Herz macht dann einen riesigen Sprung. So viel Liebe liegt da in der Luft.

Da ich oft in den Herbstferien Geburtstag habe, sind wir dann meistens in Tel Aviv, meiner Lieblingsstadt. So auch in jenem Jahr. Meine Mutter wurde in Israel geboren, ebenso wie mein Mann. Wir haben eine große Verbindung zu dem Land und insbesondere zu dieser Stadt. Tel Aviv vereint für mich alles, was ich liebe. Das Lebensgefühl, die Menschen, das Klima, das Essen, die Strände.

Fast jeden Herbst ist mein halber Freundeskreis auch dort. Es ist nicht übertrieben, wenn ich sage, dass wir jeden Tag um die 50 Menschen sind, die gemeinsam am Strand Urlaub machen. Für unsere Kids ist es das absolute Paradies, weil alle ihre Freunde ja auch da sind. Die Stimmung dort ist schwer zu beschreiben, deshalb kann ich dir nur empfehlen, Tel Aviv einmal zu besuchen und dir ein eigenes Bild zu machen.

Puh, wie kriege ich jetzt die Kurve zurück zu meiner Lebenskrise, wo wir doch gerade gemeinsam Urlaub im schönsten Land der Welt machen und mit meinen Liebsten meinen Geburtstag am Strand feiern? Ach, eigentlich gar nicht so schlecht, denn genau so ist ja das Leben. Und vor allem, genau so war mein Leben. Es ging mir ja nicht durchweg beschissen. Es gab auch wunderbare, unbeschwerte Zeiten. Aber trotzdem ließen mich dieser Stein im Magen und die bösen Stimmen in meinem Kopf nie ganz in Ruhe. Und kaum war mal keine Ablenkung da, holten sie mich ein.

November oder der Moment, ab dem ich mein Sofa nicht mehr verließ

Zum Jahresende hin wurde es dann noch mal schlimmer. Ob es daran lag, dass es draußen dunkler und trüber wurde? Ich weiß es nicht. Jedenfalls ist jener Winter für mich nur noch wie ein verschwommenes Bild. Der Prozess war schleichend, und der absolute Tiefpunkt erwischte mich zwei Jahre nach *Mila*. Ich kam aus dem Urlaub in Tel Aviv zurück und wusste, dass ich für den Herbst noch keinen festen Dreh hatte. Bis dahin hatte ich das Gefühl der Angst, dass eventuell nichts kommen würde, mehr oder weniger erfolgreich unterdrücken können.

Und dann war es so weit. In dieser besagten Situation hat man eigentlich nur zwei Möglichkeiten (obwohl ich heute weiß, dass Option 1 in Wirklichkeit *keine* Option ist).

Option 1: Angst. Aus Angst wird Wut. Aus Wut wird Traurigkeit. Diese Emotionen bringen dich keinen Millimeter voran. Im Gegenteil, sie blockieren dich. Option 2: die Situation annehmen.

> Jakob sagt immer:
> *Es ist, wie es ist, und es ist das, was du daraus machst.*

Dieser Spruch hängt übrigens seit einiger Zeit groß bei uns im Wohnzimmer und erinnert mich täglich daran.

Gut, ich wählte damals Option 1. Die Stimmen in meinem Kopf wurden immer lauter. »Es ist vorbei«, »Du wirst nie wieder so glücklich sein«, »Das war eine einmalige Chance, die wirst du nie wieder bekommen«, »Vielleicht liegt es doch an dir« ... Meine

Welt wurde immer grauer. Morgens stand ich mit meinen Kindern auf, machte einen auf gute Miene, wir frühstückten wie jeden Tag gemeinsam. Bevor sie zur Schule gingen, drückte ich sie fest.

Und dann – Stille. Ich kuschelte mich aufs Sofa unter die Decke, machte Netflix an, und so verging der Tag, bis meine Jungs um 16 Uhr nach Hause kamen. Dieser Ablauf wiederholte sich wie eine Dauerschleife. An den Nachmittagen gab es manchmal Playdates oder Sportprogramme der Kids. Die Abende verbrachte ich mit meinem Mann, zuweilen mit Freundinnen oder mit meinem Laptop und meinen Serien.

Man will nicht nur glücklich sein,
sondern so glücklich wie die anderen.
Und das ist deshalb so schwer,
weil wir die anderen für glücklicher halten,
als sie sind.

Man sah mir meine Niedergeschlagenheit und Traurigkeit nicht immer an, es sei denn, man kannte mich sehr gut. Doch meinen engsten Freundinnen konnte und wollte ich nichts vormachen. Obwohl mir meine Sorgen immer unangenehm beziehungsweise peinlich waren und ich deshalb nicht häufig darüber sprach.

Da saß ich zum Beispiel mit meinen liebsten Mädels zusammen. Die eine erzählte, dass sie keinen Mann fand, die andere fühlte sich wahnsinnig unwohl in ihrem Körper, die nächste konnte nicht schwanger werden, und wieder eine andere wusste nicht, wie sie ihre Miete zahlen sollte. Ja, und dann kam ich.

»Bei mir im Job läuft es nicht so, wie ich es mir erträumt habe.«
Wenn ich mir vorstellte, diesen Satz auszusprechen, stellte ich
mir auch die Reaktion meiner Freundinnen darauf vor: »Sei froh,
dass du eine so tolle Ehe hast«, »Und zwei gesunde Kinder«,
»Und eine wunderschöne Wohnung«, »Keine Geldsorgen«, »Du
bist schlank«, »Du wirst geliebt«, »Du bist gesund« … »Und du
beschwerst dich wegen deines Jobs???«

Ich gebe zu, keine meiner Freundinnen hat jemals so reagiert.
Sie wären nicht auf die Idee gekommen. Aber die bösen Stimmen
in meinem Kopf waren lauter, und ich glaubte ihnen. Ich fühlte
mich noch schlechter, weil ich das Gefühl hatte, dass ich mich gar
nicht schlecht fühlen dürfte. Ein Teufelskreis!

Natürlich wissen wir alle, dass für jeden die eigenen Probleme
die schlimmsten sind, und natürlich vergleichen wir uns selten mit
jenen, denen es schlechter geht. *Mila* war ein Spiegel, ein Spiegel von etwas, das ich anschauen musste, um es zu verstehen.
Ein Sinnbild dafür, dass ich in meinem Leben etwas grundlegend
ändern musste. Nur wusste ich zu diesem Zeitpunkt weder, *dass*
es so war, noch *was* ich verändern musste.

Die Lösung
ist niemals im Außen

Wir wissen grundsätzlich niemals, wie es wirklich in jemand anderem aussieht. Wir wissen maximal so viel, wie die Person uns
zeigt. Ich kehrte nur zu Hause mein Innerstes wirklich nach außen.
Mein Mann bekam die volle Breitseite ab. Und er kann wirklich

viel aushalten. Vom Typ her ist er der klassische Fels in der Bran-
dung. Einer, den andere fragen, wenn sie ratlos sind oder etwas
brauchen. Jakob ist immer zur Stelle. Und er liebt das auch. Er
liebt es zu helfen. Was für diese Art von Mensch allerdings das
Allerschlimmste ist: *nicht* helfen zu können.

Jakob wusste irgendwann auch nicht mehr weiter. Er hatte mir
viel Zeit gegeben, viel Verständnis gehabt, mir vieles abgenommen, und oft redeten wir nächtelang durch. Aber wir drehten uns
im Kreis, und oft endete alles im Streit.

Ich wollte nicht einsehen, dass ich selbst etwas ändern musste.
Suchte immer weiter die Lösung im Außen. Wann klingelt endlich
das Telefon? Wann kommt der Wahnsinnsjob, der mich wieder so
glücklich macht wie damals? In meinem Kopf immer die gleichen
Gedanken – Was kann ich schon tun?, Ich bin machtlos, Ich kann
nur warten, Niemand versteht mich, Es wird nie wieder so, wie es
war, Warum hab ich dies und das nicht anders gemacht?

Dann ging die nächste Stufe los.

Ein Kampf,
den wir nicht gewinnen können

Kennst du solche Momente? Du liegst im Bett und kannst nicht
einschlafen, weil deine Gedanken dich nicht zur Ruhe kommen
lassen. Du denkst an Situationen aus der Vergangenheit und
überlegst, wie sie ausgegangen wären, wenn du dies oder jenes
anders gemacht hättest. In deiner Fantasie läuft alles wunderbar
glatt. Großartige Bilder schießen dir in den Kopf – und plötzlich

ist da dieser Schmerz im Bauch, weil es eben *nicht* so abgelaufen ist und du absolut nichts dagegen tun kannst.

Diese Momente kommen immer wieder, meist wenn du gerade einen ruhigen Moment für dich hast und dich eigentlich entspannen willst. Und plötzlich sind sie wieder da, die fiesen Stimmen. Also muss schnell eine Ablenkung her. Nicht hinhören. Lieber Netflix, einen Wein trinken, etwas essen oder Freunde treffen. Nur nicht den Schmerz fühlen. Nur nicht wirklich hinsehen.

Faktisch wissen wir ja alle, dass wir die Vergangenheit nicht ändern können, und trotzdem verschwenden die meisten von uns so viel Energie auf diese Art von Gedanken. Noch heute passiert es mir im Hinblick auf Kleinigkeiten. Und weil ich ja eine Frau bin, spreche ich meine Gedanken meist laut aus, was mein Mann niemals verstehen wird. Aber er ist ja schließlich ein Mann. Wir Frauen müssen eben einfach kommunizieren.

Also sage ich öfter mal Dinge wie: »Mist, hätte ich doch bloß heute Morgen schon eingekauft.« Oder ich vergesse etwas zu Hause und rege mich den ganzen Tag darüber auf. Das sind zwar keine großen Sachen, aber sogar diese kleinen Situationen sind dann in der Masse riesige Energieräuber. Klar, gegen einmal laut aussprechen ist ja nichts einzuwenden, aber wenn es einen nicht mehr loslässt, dann wird es zu *Energieverschwendung*.

Und jetzt denk mal an große Situationen, was dann in deinem Kopf und Körper passiert. Dann fängst du an, immer wieder zu diesem einen Moment zurückzukehren …

Manchmal hilft eine kleine Kindergeschichte, um besser zu verstehen, was wir uns oft völlig unbewusst antun.

DER VOGEL UND DAS NEST

Zwei Vögel bauten ihre Nester direkt neben einem großen schönen See. Es dauerte lange, und sie gaben sich viel Mühe. Kaum waren sie fertig, kam die Flut und riss beide Nester mit sich fort.

Der eine Vogel war erleichtert, dass ihm nichts passiert war, und flog davon. Der andere wurde unglaublich wütend und wollte sich rächen; er nahm sich vor, den Fluss auszutrocknen!

Tage, Wochen und Monate vergingen, und der kleine Vogel flog immer wieder zum Fluss, nahm etwas Wasser in seinen Schnabel und spuckte es außerhalb wieder aus.

Eines Tages kam der andere Vogel mit seiner Familie angeflogen und sah den erschöpften kleinen Vogel und fragte, was er denn da mache. Der kleine Vogel hatte kaum noch Kraft zu sprechen und sagte nur: »Ich werde den bösen Fluss austrocknen.«

Der andere Vogel schaute ihn an und sagte: »Schau dich um, kleiner Vogel – der Fluss ist noch der gleiche wie damals. Und nun schau dich selbst an, du bist müde, traurig und erschöpft. In der ganzen Zeit hättest du, genau wie ich, ein neues Nest bauen können.«

Ein glasklarer Wintermorgen

Es wurde Dezember, die Tage wurden kürzer, und nicht mal Weihnachten oder wie bei uns zu Hause *Weihnukka* – eine Mischung aus Weihnachten und dem jüdischen Fest Chanukka – konnte meine Laune heben.

Normalerweise liebe ich diese Zeit. Dann höre ich den ganzen Tag Weihnachtsmusik, der Weihnachtsbaum steht schon seit Anfang Dezember, wir backen Kekse, und alles fühlt sich gemütlich und warm an. Aber nicht in diesem Jahr.

Ich erinnere mich an einen wunderschönen Wintertag, trocken, sonnig und kalt. Jakob hatte die Kinder gerade zur Schule gebracht, und eigentlich fährt er dann weiter ins Büro. Aber er kam noch mal zurück. Ich lag wie immer unter meiner Kuscheldecke im Wohnzimmer, Serie an und Käffchen in der Hand.

Jakob stand in der Tür und schaute mich an und sagte: »Guck mal, wie schön es draußen ist. Wir gehen jetzt spazieren.« Ich liebe es, spazieren zu gehen, aber an dem Tag musste ich mich echt aufraffen. Ich schlüpfte in eine Jogginghose, zog eine dicke Jacke über, Mütze und Sonnenbrille auf, und raus ging's. Auf dem Weg holten wir uns einen leckeren Cappuccino und liefen zum Park. Es war leer, knapp neun Uhr früh. Der See war unfassbar klar, die Sonne strahlte durch die kahlen Bäume hindurch, sogar ein paar Enten waren noch da und zogen ihre Kreise. Schweigend gingen wir eine ganze Weile Hand in Hand.

Jakob sagte dann, wie wunderschön dieser Tag doch sei und was für ein *Glück* wir doch hätten, *einfach* so spazieren gehen zu können. In dem Moment kamen mir unter der Sonnenbrille die Tränen. Ich wollte es am liebsten verbergen. Zu viel und zu oft weinte ich in letzter Zeit völlig grundlos. Kennst du das? Wenn aus dem Nix ständig diese Tränen kommen? Jakob war ganz ruhig, machte mir keine Vorwürfe, nahm die Situation einfach an.

Klar gab es vorher schon mal Situationen, in denen er sagte, ich solle mich mal zusammenreißen, ich würde übertreiben oder nicht mehr klar denken. Und mit allem hatte er ja auch recht. In solchen Momenten will man das natürlich nicht hören und vergräbt sich noch mehr in Selbstmitleid.

Doch dieser Moment war anders. Ich glaube, deshalb kann ich mich auch so gut an ihn erinnern. Während vieles aus der Zeit für mich nur noch verschwommen und etwas ungreifbar ist, sehe ich diesen gemeinsamen Spaziergang glasklar vor mir. Ich weiß noch genau, wie mein Körper sich anfühlte, irgendwie schwer. Und meine Augen taten mir weh vom vielen Weinen.

Plötzlich sagte Jakob: »Ich kann nicht mehr. Ich weiß einfach nicht mehr, wie ich dir helfen soll.« Diesen ernsten Ton schlägt er nur ganz selten an, und deshalb bekam ich sofort eine Gänsehaut. Ich verstand unmittelbar, was er mir mit diesen Sätzen sagen wollte. Er war am Limit, mit seinen Kräften am Ende.

Für mich war es eine Art Wachrüttler! Ich wachte wie aus einem Schlaf auf und mit einem Schlag war alles in meinem Kopf völlig klar. Ich sah auf den See, drehte mich zu ihm und sagte, dass ich all das Schöne sehen, aber nichts fühlen würde. Dabei liefen mir wieder die Tränen. »Ich will das alles auch nicht mehr, aber finde keinen Weg raus. Ich will mein Glück zurück!«

Und Jakob spürte, dass ich das Vertrauen verloren hatte. Das Vertrauen, dass alles gut wird und das Leben sich um einen kümmert, wenn man loslässt. Er sagte: »Es wird Zeit, dass du deine rosarote Brille wieder aufsetzt, damit du dein Leben wieder aus einer anderen Perspektive siehst.« Und dann sagte er: »Weißt du noch, unser Wunder vor zehn Jahren?«

Jetzt –
die Kraft der Gegenwart

Vor knapp zwölf Jahren kam zum ersten Mal der Babywunsch in mir auf. Von einem Tag auf den anderen war er da. Ich hatte zwar schon sehr früh gewusst, dass ich eines Tages eine eigene Familie gründen wollte, aber der richtige Wunsch kam dann ganz plötzlich. Und die meisten Frauen da draußen kennen dieses Gefühl, wenn man mit einem Mal nur noch Schwangere mit runden Bäuchen und Kinderwagen sieht. Man fragt sich: Waren davor schon so viele da, oder wo kommen sie plötzlich alle her?

Ich war 28 Jahre jung, arbeitete extrem viel und wollte nun ein Baby. Relativ schnell fing ich an, mich wahnsinnig unter Druck zu setzen, schließlich hatte ich einen genauen (Zeit-)Plan. Dass man Pläne in Bezug aufs Kinderkriegen ganz schnell vergessen kann, wurde mir dann auch klar. Es wollte einfach nicht klappen.

Was mit Leichtigkeit und Spaß anfing, wurde immer verkrampfter. Ich lebte nur noch von Zyklus zu Zyklus. Machte weniger Sport, trank keinen Alkohol und dachte immerzu nur daran, was gut für das Baby wäre, das noch nicht einmal da war. Ein typischer Zustand, an dem man ganz klar sehen kann, wie sehr man sich mitunter vom *Leben im Jetzt* wegbewegt. In einem solchen Zustand lebt man nur noch für das eine Ziel, und alle wunderbaren Dinge, die einem dazwischen widerfahren, sind zweitrangig, denn der Kopf sagt immer wieder denselben Satz: »Erst schwanger wird alles gut, erst schwanger wirst du glücklich.«

Und plötzlich war es da, das kleine rosa Kreuz auf dem Schwangerschaftstest. Es war Sommer, und ich fuhr mit dem Fahrrad von meiner Ärztin direkt in einen Buchladen. Dort kaufte ich ein Papabuch, verpackte es zu Hause richtig schön und traf mich mit Jakob in einem sonnigen Café. Er packte sein Geschenk aus, und wir lagen uns glücklich in den Armen.

Schwanger, was für ein wundervolles Wunder! Das Geheimnis drei Monate für mich zu behalten fiel mir wirklich ungeheuer schwer, viel zu sehr liebte ich es, alles Glück mit meiner Welt zu teilen. Und so erzählte ich es in der siebten Woche nur ein paar ganz engen Freundinnen. In der neunten Woche dann die Schocknachricht: Das Herz schlägt nicht mehr…

Dieser Tag hat sich in mein Gedächtnis eingebrannt. Ich stieg auf mein Fahrrad und fuhr weinend nach Hause. Noch heute denke ich manchmal am errechneten Geburtstermin daran. Es folgten im selben Jahr zwei weitere Fehlgeburten. Schwanger wurde ich tatsächlich immer relativ schnell, nur bleiben wollte das Baby in meinem Körper nicht. Die Angst wurde immer größer, dass ich eventuell niemals eigene Kinder haben würde.

Zum Jahresende flogen wir zum ersten Mal nach Thailand. Einer von Jakobs engsten Freunden gab uns damals ein Buch mit: *JETZT! Die Kraft der Gegenwart* von Eckhart Tolle. Was für eine Entdeckung. Abwechselnd lasen wir darin und tauschten uns intensiv darüber aus. Es war absolut spannend, wie sich jeder von uns mit seinen ganz eigenen Themen angesprochen fühlte, als würde der Autor nur zu einem selbst sprechen.

Es war das allererste Mal, dass ich etwas in dieser Richtung las. Damals nannte ich es spirituell, heute würde ich sagen *Persönlichkeitsentwicklung*. Dieses Wort war mir damals noch kein Begriff, und so las ich einfach und konnte gar nicht fassen, wie sehr mich dieses Buch genau im richtigen Moment *gefunden* hatte.

Für Jakob war es sogar noch ein Stück extremer. Ich würde

behaupten, dass er seitdem absolut angekommen ist. In ihm lebt sowieso eine alte Seele. Insofern war dieses Buch für ihn eine Bestätigung all dessen, was sowieso schon in ihm war. Nun hatte er die richtigen Worte dafür. Bei mir war es etwas anders – ich verstand, was im Buch stand und war auch davon überzeugt, nur mit der Umsetzung hatte ich noch meine Probleme.

Als Jakob meine Hand nahm und direkt mit meiner Seele sprach

Eines Abends saßen wir in Thailand am Strand und sprachen über meine Ängste. Jakob nahm meine Hand und schaute mir ganz tief in die Augen. Er sagte mit ruhiger Stimme: »Was wäre, wenn ich dir hier und heute verspreche, dass du innerhalb des kommenden Jahres schwanger sein wirst? Und wir ein Baby haben werden. Was würdest du anders machen, wenn du es mit absoluter Gewissheit wissen würdest?«

Noch heute bekomme ich eine Gänsehaut, wenn ich an diesen Abend denke. Ich überlegte und lachte erst. Doch er schaute mich absolut ernst an, blickte immer noch eindringlich in meine Augen. Ich sagte, ich würde mich entspannen und all die Dinge genießen, die ich erst mal nicht mehr machen könnte, wenn ich schwanger wäre. Ich würde wieder mehr Sport machen und feiern, mal was trinken und einfach mein Leben genießen!

Was glaubst du, was dann passierte? Ja, ich wurde sehr bald schwanger, und unser Wunder ist heute zehn Jahre alt.

Ist das schon das Geheimrezept? Dem Leben vertrauen?

Tief in mir wusste ich, das ist der Weg

Doch als ich Jahre später abrufen wollte, was zehn Jahre zuvor schon einmal funktioniert hatte, konnte ich es nicht mehr. Weil ich am falschen Ort suchte. Wieder einmal war ich nur im Außen. Suchte dort die Antworten und Erlösung. Nach innen zu schauen ist ja auch so viel schwieriger! Viel zu sehr sind wir daran gewöhnt, uns abzulenken, wenn es brenzlig wird.

Es ist so, als würde man immer wieder ein Pflaster auf eine Wunde kleben, aber die Wunde nie mal wirklich an der Luft abheilen lassen. Aus Angst, wir könnten wieder gegen den Schmerz stoßen. Doch unter dem Pflaster hat die Wunde keine Chance zu heilen. Und in einem Moment, in dem wir es nicht erwarten, löst sich das Pflaster wieder, und die Wunde schmerzt mehr denn je.

> Meine Mama sagte immer:
> Lieber ein Ende mit Schrecken
> als ein Schrecken ohne Ende.

Zurück zu jenem Wintermorgen im Park, als Jakob zu mir sagte, dass er nicht mehr wüsste, wie er mir helfen könne. Das war der Tag, an dem ich begriff, dass *ich* etwas ändern musste. Niemand konnte diese Aufgabe für mich übernehmen. Zwar gibt es Menschen, die können dir eine Tür öffnen, aber hindurchgehen musst du schon selbst.

Mit einem Mal wusste ich: Mich abzulenken, wie ich es bisher getan hatte, würde mein Leid nur verlängern. Ablenkung ist ein Pflaster, das eine Zeit lang tröstlich und hilfreich sein kann. Aber auf die Dauer nützt uns diese Passivität wenig. Wir müssen selbst aktiv werden und Verantwortung übernehmen. Und so traf ich eine Entscheidung – ich riss das Pflaster einfach ab!

Rosaroter Denkanstoß

Das Leben verläuft nicht gradlinig und Heldenreisen schon gar nicht. Jede Krise bietet dir die Chance, deine Komfortzone zu verlassen.

Weißt du, was ein Cliffhanger ist? In der täglichen Serie bezeichnet man so die letzten Minuten einer Folge. Der spannende Moment – eine Tür geht auf, jemand kommt herein, aber wir sehen nicht, wer es ist. Und dann... vorbei. Das ist der Grund, warum wir am nächsten Tag wieder einschalten. Ich dachte mir, so mache ich das hier auch.

Bevor ich dich mitnehme auf den Weg wieder nach oben, wie wär's, wenn wir uns ein bisschen besser kennenlernen? Beim Schreiben hab ich mich oft mit einem großen Grinsen erwischt, manchmal liefen mir aber auch einfach nur die Tränen übers Gesicht. Und nun freue ich mich, meine Gedanken mit dir zu teilen. Ich habe die wichtigsten Kapitel meines Lebens hier festgehalten. Den größten Teil nimmt wohl die Liebe ein...

Als ich beschloss, ein Buch zu schreiben, sagten die meisten: »Endlich, du schreibst über die Liebe, oder?«

Ja, das war tatsächlich naheliegend. 24 Jahre sind wir nun

schon zusammen, wir sind länger zusammen, als jeder von uns alleine war. Schon verrückt. Und natürlich werde ich immer wieder nach unserem Geheimrezept gefragt. Die Wahrheit ist: Es gibt keins. Kann es ja auch gar nicht, weil jede Liebesgeschichte so individuell ist wie wir Menschen.

Aber natürlich habe auch ich mich über die Jahre immer wieder gefragt, was wir wohl richtig machen. Haben wir einfach nur Glück gehabt? Hat das Schicksal es mit uns gut gemeint? Das wäre zu einfach, und obwohl ich an Märchen glaube und Disney meine Kindheit prägte, weiß ich, dass Glück allein nicht reicht.

Denn man muss das Glück auch *sehen*. Vielleicht ist *das* das große Geheimnis. Haben viele von uns schlichtweg verlernt zu sehen? Haben wir verlernt zu sehen, was da direkt vor unserer Nase ist? Vielleicht kommt ja daher der bekannte Spruch: »Ich seh den Wald vor lauter Bäumen nicht.«

In einer Zeit von Tinder, unbegrenzten Möglichkeiten und Schnelllebigkeit sind Jakob und ich mit unserer langen Beziehung tatsächlich fast außergewöhnlich. Ich schaue immer in vollkommen erstaunte Gesichter, wenn ich sage: 24 Jahre.

Ja, es folgt auch immer der Scherz von meiner Seite, wie das gehen kann, ich bin ja erst 24.

In Wahrheit werde ich dieses Jahr 40.

Jakob sagt immer:
Eine Beziehung ist wie ein Unternehmen.
Sie kann anfangs steil nach oben gehen, durch Euphorie
und rosarotes Glück. Die Kunst ist es aber, die Beziehung
rosarot zu halten, und das wiederum ist Arbeit.

Arbeit im Sinne von miteinander reden. Kommunikation. Arbeit im Sinne von kreativ sein. Im Sinne von sich überlegen: Wie können wir uns unser Leben gemeinsam noch schöner gestalten?

Aber fangen wir doch etwas früher an, um genau zu sein, lasst uns zurück an den Anfang springen. Denn eins kann ich dir schon sagen: Unsere Liebesgeschichte hat tatsächlich etwas Märchenhaftes und sollte hier unbedingt festgehalten werden.

Es war einmal im Ferienlager …

Und dort hat unsere Liebe wirklich begonnen: im Ferienlager. Was wie ein romantischer Teeniefilm klingt, ist tatsächlich passiert.

Seit ich acht Jahre alt war, fuhr ich jeden Sommer und jeden Winter ins Ferienlager. Es heißt *Machane.* Ein Ferienlager für jüdische Kinder aus ganz Deutschland. Die Zeit, die ich dort verbringen durfte, gehört zu meinen schönsten Kindheitserinnerungen. Meine beste Freundin habe ich damals mit acht Jahren im Zug kennengelernt. Viele weitere Freundschaften folgten. Bis zu meinem 18. Lebensjahr fuhr ich dorthin, lernte im Winter Skilaufen und zusätzlich eine Menge über Tradition, Freundschaft, Werte und das Leben. Mit 18 fuhr ich dann selbst einige Male als Gruppenleiterin mit und konnte alles, was ich erlebt und gelernt hatte, an die nächste »Generation« weitergeben.

Der liebe Gott hat Jakob direkt zu mir geschickt, als ich ihn am dringendsten brauchte

Winter 1995. Voller Vorfreude ging es nach Südtirol. Ein bisschen kannst du dir das wie bei *Harry Potter* vorstellen. Im Zug trafen wir bereits unsere Freunde aus anderen Städten. In einer Zeit ohne Smartphones hatten wir uns in der Zwischenzeit Briefe geschrieben und die Tage gezählt, bis wir uns endlich alle wiedersahen.

Dort, im Zug, fiel er mir das allererste Mal auf. Da saß er in seinem weißen Kapuzenpulli, Baggy Pants und mit Nick-Carter-Gedächtnisfrisur. Ich das komplette Gegenteil. Die 90er-Jahre waren wie für mich gemacht, ich probierte mich durch alle lustigen, teils gruseligen Styles und nahm wirklich alles mit. In diesem Winter war es eine Mischung aus Lucielectrik, Britney Spears und Pippi Langstrumpf. Ich hatte lange Rastazöpfe, schwarze Fingernägel, an jedem Finger einen Ring, ein Fahrrad schmückte meine Nase als Piercing, ich trug gestreifte Strumpfhosen zum kurzen Kleid und knallblaue Adidas-Sneakers.

Für mich war es Liebe auf den ersten Blick, denn der Junge aus dem Zug ging mir nicht mehr aus dem Kopf. Wir waren in zwei unterschiedlichen Häusern untergebracht und sahen uns nur bei manchen Abendprogrammen oder auf der Skipiste. Ich fand heraus, dass der Junge Jakob hieß und aus Berlin kam. Etwas später fand ich noch heraus, dass er an mir nicht sonderlich interessiert war und mich eher etwas seltsam fand.

Eines Samstags machten wir alle einen großen Spaziergang, den Schabbat-Spaziergang. Das geschah jeden Samstag.

Schabbat ist ein jüdischer Feiertag. Gott erschuf die Welt in sechs Tagen, und am siebten Tag ruhte er sich aus. Und das tun wir auch. Schabbat beginnt am Freitagabend, wenn der erste Stern am Himmel steht (oder es dunkel wird). Die Familie kommt zusammen. Die Schabbat-Kerzen werden von den Frauen im Haus angezündet, dazu sprechen wir ein Gebet, um den Schabbat willkommen zu heißen und Frieden und Segen in unsere Häuser einzuladen. Es folgt ein Gebet auf den Wein und das Brot. Die Familie beschließt gemeinsam die Woche.

Eine gute Tat ist es, eine oder mehrere Personen einzuladen, die vielleicht keine Familie haben, mit der sie feiern können. Bis Samstagabend wird nicht gearbeitet, und es werden keine technischen Geräte gebraucht. Bei den religiösen Juden werden all diese Regeln konsequent eingehalten.

Ich bin nicht religiös aufgewachsen, aber sehr traditionell. Der Unterschied liegt darin, dass wir nicht alle Gebote streng einhalten, aber die großen Feiertage feiern und in die Synagoge gehen. Traditionen gehen mit Werten einher. Und so würde ich sagen, dass mir durch die vielen Traditionen Werte vermittelt wurden. Ich mag die Tradition, dass die Familie zusammenkommt und wir dankbar auf die Woche zurückschauen. Heute sehe ich es mehr als eine Form von Achtsamkeit an, mit der wir auch unseren Kindern Dankbarkeit sehr gut vermitteln können.

Zurück zum Ferienlager. Da es ein jüdisches Ferienlager war, wurden dort die Traditionen eingehalten. Wir feierten am Freitagabend groß Schabbat, aßen festlich, zogen uns schön an und sangen gemeinsam Lieder. Und den Samstag über kamen wir alle zur Ruhe. Es wurde über spannende Themen gesprochen, und wir gingen zwei, drei Stunden spazieren.

Auf diesem Spaziergang war es, dass Jakob und ich uns zum ersten Mal wirklich unterhalten haben.

Ich erzählte ihm von meinem Leben, von meinen Wünschen und Träumen. Heute sagt Jakob, dass er sich bei diesem Spaziergang in mich verliebt hat. Er sagt, dass er noch nie ein Mädchen getroffen hatte, die so klar wusste, was sie vom Leben wollte, und dazu so offen und ehrlich über ihren Schmerz sprach. Ich erzählte ihm von meiner Mama, die sehr krank war. Sie hatte Krebs, und das folgende Jahr sollte ihr letztes werden, was ich zu diesem Zeitpunkt natürlich noch nicht wusste.

Silvester feierten die zwei Häuser gemeinsam, und zu »*You are not alone*« *von Michael Jackson* haben Jakob und ich zum ersten Mal miteinander getanzt. Um Mitternacht, zum Jahreswechsel 1995/96, küssten wir uns – und waren zusammen. Also, wenn das nicht wahnsinnig kitschig und romantisch ist. By the way, ich liebe Kitsch. Nein, *ich suche Kitsch in meinem Leben*. Na, wer kennt das Zitat? Kate Winslet sagt es in einem der schönsten Liebesfilme, die es gibt: *Liebe braucht keine Ferien*.

Nach vier Tagen hieß es Abschiednehmen. Für Jakob ging es nach Berlin und für mich nach Hamburg. Konnte das gut gehen? Liebe auf Distanz in diesem Alter? Ich 15, er 16. Keine Handys, kein Auto, nur …

Stundenlang am Festnetz, Liebesbriefe und Diddl-Karten

Wahrscheinlich waren die folgenden sage und schreibe sechs Jahre Fernbeziehung die Basis für unsere Beziehung. Denn genau in dieser Zeit lernten wir eine Menge, weil die Umstände einfach so waren, wie sie waren. Im Grunde sind es alles Dinge, die jeder Beziehung guttun:

- *Vertrauen.* Wie willst du eine Fernbeziehung durchhalten ohne Vertrauen?
- *Individuum.* Du bleibst ein Individuum, weil du mehr Zeit allein als zusammen verbringst.
- *Freiraum.* Den muss man sich gegenseitig nicht geben, weil du ihn gezwungenermaßen hast.
- *Quality Time.* Jedes Wochenende ist ein Highlight, das du anders schätzt und erlebst.

Und so stand ich am Bahnhof Hamburg-Dammtor und erwartete Jakobs ersten Besuch. In den ersten Wochen hatten wir uns schon Briefe geschrieben und die Telefonleitung glühen lassen.

Ich habe übrigens noch *alle* Briefe und Karten, die wir uns im Laufe der Jahre geschrieben haben. Meine Freunde nennen mich auch die »lebende Festplatte«, weil ich so viele Erinnerungen aufgehoben habe. Ich liebe es, diese Kisten hervorzuholen und immer wieder Neues zu entdecken. Manchmal lache und manchmal weine ich vor Rührung. Ich habe viele Poesiealben, Liebesbriefe und auch Geburtstagskarten von meinen ersten Geburtstagen (meine Mama war wohl auch eine Erinnerungssammlerin). Ich habe sogar Briefe, die meine Mutter wiederum ihren Eltern schickte, als sie 1967 mit 19 Jahren ein Jahr auf Tournee mit dem

Musical *Anatevka* war. Ich habe zig Fotoalben und Kisten und alte Videoaufnahmen von Urlauben, Feiern, Geburtstagen oder davon, wie wir Teeniemädchen uns damals mit Freundinnen beim Blödsinnmachen zu Hause gefilmt haben. Heute nennen wir es Insta-Story oder Tik Tok.

Jakob stieg mit einer Rose aus dem Zug, er war schon immer ein Romantiker. Als er mein Kinderzimmer betrat, guckte er nicht schlecht. Kein bisschen Wand war mehr frei, die Kelly Family und vor allem Paddy Kelly tapezierten meine kompletten Wände. Im Scherz (oder vielleicht auch nicht) sagte Jakob: »Er oder ich?«

Bis zu jenem Winter war ich schließlich davon überzeugt, irgendwann einmal Paddy Kelly zu heiraten.

Unser erstes gemeinsames Jahr war direkt eine harte Probe. Nicht nur wegen der Fernbeziehung. Damit klappte es tatsächlich sehr gut. Mein Papa spendierte Jakob hin und wieder ein Zug-ticket, weil er uns lieber zusammen in Hamburg hatte, als dass ich nach Berlin fuhr. Aber auch das lockerte sich, und so verbrachte ich viel Zeit in Berlin. Seit diesem Zeitpunkt wusste ich: Hier will ich eines Tages mal leben. Durch das Camp hatte ich dort bereits viele Freunde. Und Jakobs Schwester wurde für mich wie meine eigene Schwester. Die erste Zeit teilten wir uns ein Zimmer, wenn ich in Berlin war. Bis Jakob und sie irgendwann anfingen, nachts heimlich die Zimmer zu tauschen.

Im Sommer flog Jakob, nachdem er die Schule beendet hatte, nach Israel, und sein Plan war es eigentlich auch, in diesem Land zu bleiben. Er hatte immer die Vorstellung gehabt, eines Tages dorthin zurückzugehen. Jakob wurde in Israel geboren und war im Alter von acht Jahren mit seinen Eltern und seinen Geschwistern nach Deutschland gekommen.

Im Sommerurlaub mit meinen Eltern war ich zu Tode betrübt. Ich hatte tatsächlich total Angst, dass Jakob nicht zurückkommen würde. Zwei Wochen lang heulte ich und lag meinen Eltern damit in den Ohren, ich müsste hinterherfliegen und ihn zurückholen. Du siehst, kitschige Hollywoodfilme haben mich geprägt. Und ich weiß nicht, wieso, aber meine verrückten, wundervollen Eltern haben mich fliegen lassen. Und so ging es direkt nach unserem gemeinsamen Urlaub nach Israel. Ich fühlte mich wie Patrick Swayze in *Dirty Dancing* – der noch mal zurückkehrt und die Liebe seines Lebens holt: »Mein Baby gehört zu mir.«

Wir verbrachten eine schöne Woche bei Jakobs Oma in Akko und sogar eine Nacht am Strand von Tel Aviv. Wir hatten den Bus verpasst und kein Geld. Also schliefen wir wie romantische Teenager am Strand. Ja gut, wir waren ja auch romantische Teenager.

Und natürlich kam Jakob mit mir zurück.

Der Tag, an dem meine Kindheit vorbei war

Die zweite Jahreshälfte war durchwachsen. Meiner Mama ging es zunehmend schlechter. Sie war eine richtige Kämpferin, doch zwischenzeitlich konnte sie ihr Leid nicht verbergen. Die zehn Jahre, die der Krebs an ihr zehrte, waren für sie kein Grund aufzugeben. Im Gegenteil, sie wollte um jeden Preis gewinnen. Leider hatte ich nie die Möglichkeit, über all das mit ihr zu sprechen. Ich kann aber heute, als Erwachsene und Mutter, vieles besser verstehen, und ich sehe, was für eine Heldin sie war.

Meine Mama war immer schon sehr eitel. Ohne Make-up aus dem Haus? Nicht mal zum Brötchenkaufen! Meine Mama gab es nur mit knallroten Lippen. Und eigentlich auch nur in High Heels. Erst in ihrem letzten Jahr stieg sie notgedrungen auf Ballerinas um. Sie war durch und durch eine richtige Lady. Immer schick, mit sehr viel Klasse. Sie liebte Goldschmuck, und obwohl sie stets viel davon trug, sah sie immer elegant aus, nie überladen. Eine Frau mit Stil. Ich glaube, sie wollte ihrem Körper sehr bestimmt signalisieren: Ich bin kraftvoll, und ich liebe das Leben.

Meine Mama hat wahnsinnig viel gelesen. Ach, was hätte ich gerne mit ihr über Bücher gesprochen! Leider hatte ich bis zu ihrem Tod kein einziges Buch gelesen. Wer hätte gedacht, dass aus mir mal so ein Bücherwurm wird? Ich erinnere mich an das Buch *Sorge dich nicht, lebe* von Dale Carnegie, das in ihrem Regal stand. Ich habe es behalten – ich weiß gar nicht, wieso, denn damals haben mich diese Themen überhaupt nicht angesprochen. Wie gern wüsste ich, was sonst noch alles in ihren Regalen stand!

Es gibt Zeiten, da ärgere ich mich darüber, dass ich in ihrem letzten Jahr so häufig in Berlin und mit meinen Gedanken so weit weg war. Aber heute als Mama weiß ich, dass sie es genau so gewollt hat. In meiner kleinen Welt hatte ich keinen winzigen Gedanken daran verschwendet, dass diese damalige Zeit kostbar sein könnte. Für einen Teenager ist alles ewig.

Meine Mutter verlor in jenem Sommer ihren rechten Arm samt Schulter. Anders konnte man den Krebs nicht bekämpfen. Dieser Verlust war der schlimmste in der gesamten Zeit. Meine Mutter litt wahnsinnig an Phantomschmerzen, das bedeutet, sie hatte ständig unfassbar starke Schmerzen in dem Arm, der nicht mehr da war. Das lag an den Nervenbahnen. Sogar heute, wenn ich

mich nach so vielen Jahren wieder an die damalige Zeit erinnere, zieht sich mein Magen zusammen.

Ich erinnere mich auch, dass sie manchmal am Abend merkwürdige Dinge sagte und Fantasievorstellungen hatte, das lag an dem ganzen Morphium. Sie nahm oft meine Hand und sagte, dass sie nicht verrückt sei und nicht ins Irrenhaus wolle. Es war ein furchtbarer Leidensweg, den ihr keiner ersparen konnte. Aber auch das hat meine Mama weggesteckt. Sie bekam eine Prothese. Und die trug sie mit Würde. Für sie war das in keinster Weise ein Grund, irgendetwas zu verändern. Die zweite Hand immer tadellos maniküt und die Haare immer frisch blondiert. Und natürlich die roten Lippen.

Sie liebte Jakob und die Gespräche und Diskussionen mit ihm. Oft sagte sie mir: »Er ist ein Zwilling, genau wie ich, und Zwilling passt wunderbar zur Waage, also zu dir.«

Ich erinnere mich an meinen 16. Geburtstag. Wie jedes Jahr an meinem Geburtstag wachte ich morgens auf, und meine Mama hatte schon liebevoll den Tisch gedeckt. Kuchen, Kerzen, Ballons und Geschenke. Mein *letzter* Geburtstag als Kind, danach gab es diese Tradition für mich nicht mehr.

Als die Winterferien näher rückten und Jakob und ich schon ganz aufgeregt dem *Machane*, dem Ferienlager, entgegenfieberten, kam meine Mama mal wieder ins Krankenhaus. Für mich nichts Neues, ich kannte es mein halbes Leben nicht anders.

Eigentlich waren Jakob und ich wieder zwei unterschiedlichen Häusern zugeteilt. Aber meine Mutter rief bei dem Campleiter an und bat darum, uns im selben Haus wohnen zu lassen. Nicht mal das kam mir merkwürdig vor, ich nahm es einfach als tolle Geste meiner Mama wahr. Rückblickend erinnere ich mich, dass sie zu ihm etwas auf Hebräisch sagte, das ich nicht verstand; ich glaube, dass sie ihm sagte, wie schlecht es um sie stand.

Im Krankenhaus verabschiedete ich mich von meiner Mama. Leider kann ich mich kaum an diesen Moment erinnern, ich weiß bloß, dass sie nur mit viel Mühe laufen konnte und ich zu ihr sagte: »Wenn ich zurückkomme, werden wir gemeinsam wieder laufen üben.« Ein Kuss … ich hab dich lieb … bis bald … Ob sie wohl wusste, dass das unser Abschied war? … Ich weiß es nicht.

Ich möchte glauben, dass sie mich ganz bewusst in die Ferien geschickt hat, um mich in den schwersten Stunden im Kreis von unbeschwerten Kindern und Freunden zu wissen. Weit weg von Angst Trauer und Schmerz.

Auf *Machane* angekommen, hatten Jakob und ich eine wundervolle erste Woche. Wir fieberten gemeinsam dem Jahreswechsel entgegen, unserem ersten Jahrestag.

In der Nacht auf den 29. Dezember konnte ich nicht schlafen. Ich war innerlich total aufgewühlt. Ich schlief kurz ein, um dann verweint und in Schweiß gebadet wieder aufzuwachen. So ging es stundenlang. Meine Träume waren heftig, geradezu wild, doch ich kann mich nicht an sie erinnern. Ich weiß nur, dass ich in jener Nacht kaum ein Auge zubekam und eine *Madricha*, eine Erzieherin, bei mir im Bett lag, bis ich endlich einschlief.

Am nächsten Morgen machten wir uns fertig für die Skipiste, als der Campleiter mich ins Büro rief und Jakob mit dazu. Er sagte uns, dass mein Vater angerufen habe: Es gehe meiner Mutter schlechter, und er bat uns, nach Hause zu kommen. Wir nahmen die Nachricht total gefasst auf. Natürlich waren wir traurig, das *Machane* zu verlassen, aber wir wussten auch, dass Mamas Gesundheit wichtiger war. Wir packten unsere Sachen und konnten uns nicht mehr von unseren Freunden verabschieden, die alle schon auf der Piste waren. Auf der Fahrt zum Flughafen heiterten wir uns gegenseitig damit auf, dass wir dann eben Silvester mit Freunden in Hamburg feiern würden.

Ich erinnere mich noch daran, dass zwei unserer Gruppenleiterinnen am Flughafen mit uns auf den Abflug warteten. Sie kamen mir damals immer so erwachsen vor, dabei waren sie gerade mal drei oder vier Jahre älter als wir. Ich erinnere mich daran, dass eine zu mir sagte, was auch immer passieren würde, ich solle unbedingt meine Musicalausbildung machen und mir alle meine Träume erfüllen. Witzig, woran wir uns erinnern und woran nicht. An diese Worte erinnere ich mich noch genau. Später erfuhr ich, dass die beiden wussten, was uns in Hamburg erwartete. So eine schwere Aufgabe für zwei so junge Menschen …

Eins kann ich dir mit absoluter Gewissheit sagen: Egal wie nah der Tod an dich herankommt, es gibt keine Möglichkeit, dich auch nur irgendwie darauf vorzubereiten.

Manchmal denke ich daran, wenn Menschen einen Unterschied machen, ob nun jemand vollkommen überraschend und plötzlich gestorben ist oder an einer Krankheit. In Wahrheit ist es dasselbe, weil der Tod trotz Krankheit so absolut unreal ist.

Am Hamburger Flughafen kamen wir noch fröhlich aus dem Gate, da sah ich meinen Papa. Meinen Papa mit den traurigsten Augen, die ich je gesehen habe. Er nahm mich in die Arme und sagte immer und immer wieder: »Es tut mir so leid.«

Junges Glück
in schwerer Zeit

Alles, was dann folgte, ist wie ein verschwommenes Bild. Ich erinnere mich an Beruhigungstabletten, viele Menschen in unserer Wohnung und daran, dass ich drei Tage kein Wort gesprochen habe. Ich erinnere mich daran, wie Jakob mit mir am offenen Fenster meines Kinderzimmers saß und ein Gebet sprach. Ich sah ihn zum ersten Mal weinen. Ich erinnere mich daran, dass Jakob die Anrufe meiner Freundinnen annahm und niemals von meiner Seite wich. Ich erinnere mich daran, dass an unserem lang ersehnten ersten Jahrestag die Beerdigung meiner Mutter war.

Per Post bekam ich kurz darauf ein Poesiealbum geschickt. Alle meine Freunde auf *Machane* hatten mir etwas hineingeschrieben. Einer von Jakobs (heute noch) besten Freunden hatte mir ein Gedicht geschrieben:

Es war einmal ein Mädchen,
die war so wunderschön, dass jedes Mal,
wenn sie lachte, die Zeit blieb einfach stehen.
Doch eines Tages lachte sie nicht mehr.
Es war einmal ein Junge,
der liebte sie so sehr, dass jedes Mal, wenn sie lachte,
er lachte noch viel mehr.
Doch eines Tages lachte er nicht mehr.
Der Junge und das Mädchen,
die waren nun allein, doch stärker als ihre Liebe
konnte der Schmerz nicht sein.
Und die beiden lachten wieder.

Wer hätte gedacht, dass dieser damals schon weise Junge noch so viele Jahre später recht behalten sollte?

Es war ein unfassbar schwerer Weg, und für ein so frisch verliebtes Paar gibt es eigentlich nur zwei Möglichkeiten: Sie schaffen es nicht und trennen sich. Oder die Verbindung wird umso stärker und hält für die Ewigkeit. Gut, die Ewigkeit ist es vielleicht noch nicht, aber wir sind auf dem Weg. Jakob hat einiges auf sich genommen. Ich hab schon immer gesagt, dass Jakob sein Leben rückwärts lebt. Schon immer wirkte er irgendwie weise. Mit 16 hatte er gefühlt die Seele eines 80-Jährigen.

24 Jahre später

Ich bin keine Beziehungsexpertin und möchte auch nicht so klingen. Und das hier ist kein Beziehungsratgeber. Ich glaube nur, dass wir viel lernen können, wenn wir genauer hinschauen. Jakob und ich haben es schon immer geliebt, die Dinge zu analysieren. Unser liebstes Hobby ist es, stundenlang alles Mögliche zu hinterfragen. Manchmal müssen wir uns selbst stoppen, denn manches kann man auch *zer*reden. Aber da wir es beide lieben, ist es okay. Jede Beziehung ist anders, genau wie jeder Mensch eine ganz eigene Persönlichkeit hat. Wichtig ist zu schauen: Was funktioniert für dich oder besser gesagt für euch?

Jakob sagt immer:
Richtig ist das, was funktioniert.
Und was funktioniert, ist Erfolg!

Das bedeutet, jeder von uns hat schon mal eine andere Definition von Erfolg. Was ist Erfolg für dich? Erfolg in Beziehungen? Jede Partnerschaft hat andere Regeln. Wobei ich das Wort Regeln schon mal nicht angebracht finde, wenn man von Beziehungen spricht. Regeln haben ja immer etwas Festes. Regeln müssen eingehalten werden. Wenn ich an Regeln denke, fühlt es sich für mich eng an, nicht frei. Ich oder besser gesagt wir sind Freunde von Verabredungen. Eine Verabredung treffen immer zwei Menschen gemeinsam, und nicht der eine für den anderen. Und Verabredungen kann man immer wieder neu treffen. Spürst du den Unterschied, auf den es mir ankommt? Mein Bauchgefühl hat mehr Freude an Verabredungen als an Regeln.

Zurück zum Erfolg. Eine erfolgreiche Beziehung führt man, wenn beide Partner gleichwertig auf ihre Kosten kommen. Das wiederum klingt wie aufwiegen. Aber genau das meine ich nicht. Ich würde sogar so weit gehen zu sagen, dass aufwiegen der Anfang vom Ende ist. »Ich habe gestern die Spülmaschine ausgeräumt, heute musst du«, »Du willst heute mit deinen Freunden rausgehen? Dann gehe ich aber morgen«, »Ich muss jeden Morgen früh aufstehen, also musst du auch«.

Zwänge! Nichts davon macht man gerne, wenn man das Gefühl hat, dass man es machen muss. Jakob und ich haben für uns herausgefunden, dass es andersrum viel besser funktioniert.

Jakob sagt immer:
»Happy wife, happy life«, und ich sehe es genauso, bloß umgekehrt. Reimt sich nur nicht so schön.

Um es mal bildlich zu beschreiben, was ich meine, nimm folgende Situation: Ich liiiiiiiiebe es auszuschlafen. Und Jakob weiß, wenn er mir diesen Luxus gönnt, hat er eine ganz entspannte Frau zu Hause, die ihm tagsüber liebend gern die Kinder abnimmt oder ihn sonstwie unterstützt. Schließlich bin ich ausgeschlafen, habe neue Energie und bin in erster Linie dankbar.

Wir haben dazu keine feste Regelung, weil wir wie gesagt nichts von Regeln halten. Es ist eher so, dass ich manchmal am Wochenende morgens einfach noch eine Weile liegen bleibe. Jakob versteht dann die Signale, macht leise die Tür zu und kümmert sich um die Kinder. Was niemals passiert, ist, dass Jakob, kaum dass ich wach bin, sagt: »Morgen schlaf ich dann aber aus.« Am besten noch in total gestresstem Unterton. Eben nicht. Der Tag beginnt organisch, die Atmosphäre ist gut. Es ist dann eher so, dass ich mir denke: Das war so schön und so nett von ihm, was kann ich tun, damit er es etwas angenehmer hat?

Genauso ist es mit Urlaub. Jakob fliegt einmal im Jahr mit einem oder mehreren Freunden in den Urlaub, das macht er schon, seit sie Teenager waren. Und natürlich hab ich ihm das nicht genommen. Heute als Erwachsene, mit Kindern, hat es sogar einen noch größeren Mehrwert. Du denkst jetzt: Ja, für ihn natürlich. Aber ich meine, für mich. Was glaubt du, wie mein Mann aus dem Urlaub zurückkommt? Mit welcher Energie? Und mit welcher Dankbarkeit?

Ich weiß, dass eine wunderbar entspannte Zeit auf mich zukommt. Die hab ich mir ja auch verdient.

Ich glaube, es gibt tatsächlich eine Art Denkfehler, was das Thema *Gönnen* angeht. Oft spüre ich in Unterhaltungen darüber, dass sich viele damit schwertun. Und zwar weil sie den Nutzen für sich selbst nicht sehen. Die meisten denken bei gönnen direkt Dinge wie: »Was hab ich dann davon?« oder »Und was ist mit mir?«, »Mir wird ja auch nichts gegönnt.«

Einer muss halt mal anfangen. Wie wäre es mit dir?

Ich sag es mal so: Ich habe rausgefunden, dass ich die absolute Gewinnerin bin, wenn ich gönne. Und zwar von Herzen gönne, ohne die Erwartung, etwas dafür zurückzubekommen.

Wir ändern so viel in unserer unmittelbaren Umgebung, indem wir uns selbst ändern. Und das ist so viel leichter, als krampfhaft zu versuchen, die ganze Zeit den anderen zu verändern. Probier es einfach mal aus. Aber auch hierzu ein kleiner Tipp: Unbedingt ohne eine Erwartung an das Experiment herangehen. Sondern einfach mal laufen lassen und beobachten, was passiert.

Es gibt tatsächlich eine Übung dazu.

MACH'S DOCH MAL ANDERS ALS GEWOHNT

Versuche deinem Partner etwas zu gönnen und schau einfach mal, was passiert.

Es gibt aber noch mehr Situationen, in denen du dieses Spiel spielen kannst – die Dinge anders zu machen als gewohnt. Zum Beispiel, wenn du morgens total müde und genervt bist und dein Partner irgendwas in dir triggert. Oft reicht ja schon ein falscher Tonfall. In genau diesem Moment – reagiere nicht so wie gewohnt. Beobachte dich selbst, atme durch, und vielleicht sagst du auch einfach mal nichts.

Wenn du dich nämlich ganz ehrlich fragst – wohin führt meist so ein Gespräch? Nirgendwohin, außer in einen Streit, den keiner braucht. Weil es um gar nichts geht. Außer um zwei müde Men-

*schen, die etwas laut aussprechen, ohne darüber nachzudenken,
dass sie den anderen damit verletzen.*

*Die Übung ist super für genau diese kleinen Momente in unserem
Alltag. Ich höre dich schon sagen: »Warum soll ich denn nichts sagen: wenn mich gerade etwas stört?«*

*Da hast du recht, aber es geht eben um die Art und Weise, wie wir
etwas sagen und wann. Ist der Moment wirklich passend? Und es
geht auch um die eigene Reaktion. Wie oft reagieren wir total daneben und ärgern uns selbst im Nachhinein?*

Achtsamkeit –
in ein paar Worten

Ich habe mal ein achtwöchiges Achtsamkeitsseminar gemacht,
das mir wahnsinnig viel gebracht hat. Ich fasse für dich mal die
Essenz zusammen, so wie ich heute Achtsamkeit beschreiben
würde. Es geht um Aktion und Reaktion. Diese zwei Dinge passieren unmittelbar nacheinander. Ohne eine Millisekunde dazwischen. Je mehr wir Achtsamkeit in unser Leben einladen und
integrieren, umso mehr Platz schaffen wir zwischen Aktion und
Reaktion. Warum ist das so wichtig?

Tja – was ist denn die Hauptursache für die meisten Probleme
im Alltag? Stress. Und zu 99 Prozent verursachen wir unseren
Stress selbst. Warum?

Vielen fehlt es an Management, Alltagsmanagement. Die Fähigkeit, sich selbst und seine Familie gut zu organisieren. Das passiert,
weil wir die ganze Zeit vollkommen unbedacht auf alles reagieren.

Ich höre meine Freundinnen oft sagen: »Ich wünschte, ich hätte überhaupt mal Luft zu atmen, um einen klaren Gedanken zu fassen.« Kennst du das?

In solchen Momenten wünschte ich, sie würden es versuchen. Versuchen, sich diese ganz kurze Zeit zu nehmen. Aber der Stress ist zu groß, zu schnell ertönt die böse Stimme im Kopf: »Was? Du kannst dich doch jetzt nicht in die Badewanne legen!«, »Was für ein absurder Gedanke«, »Es bricht doch alles zusammen, wenn ich nicht funktioniere«.

Aber jetzt mal ehrlich, wie lange geht das gut? Und wie gut funktionierst du überhaupt noch?

Nicht umsonst sagt man: »Eine Kette ist nur so stark wie ihr schwächstes Glied.« Das bedeutet, wenn du als Kopf des Unternehmens abbaust, bricht alles zusammen. Daher ist das Wichtigste, dass du dich um dich selbst kümmerst.

Zurück zur Partnerschaft. Natürlich bringt es alles nichts, wenn dein Partner dich nicht unterstützt. Aber auch das ist eine Frage der Kommunikation. Ich denke, das Wichtigste ist: Der Druck muss raus. Kein Mensch mag Druck. Höchstens bei einer Abgabe im Job vielleicht, da kann er einen auf den letzten Metern pushen. Aber Druck in Sachen Beziehung greift immer deine Persönlichkeit an, und das geht schnell nach hinten los.

So schließt sich der Kreis mit dem Gönnen. Bevor du etwas von deinem Partner verlangst, dreh es um und mach etwas für deinen Partner. Vielleicht löst sich das Problem von selbst.

WENN ICH ÄLTER BIN
UND JEMAND FRAGT,
WER MEINE

große Liebe war,

WILL ICH NICHT IN
ERINNERUNGEN
KRAMEN, SONDERN
MICH UMDREHEN

und sagen:

DA SITZT *ER*.

Date Night –
nur du & ich

Ich bin ein Riesenfan des Datings. Jakob und ich verabreden uns ganz bewusst, auch wenn wir seit Ewigkeiten unter einem Dach leben. Wir verabreden uns sogar für unsere Netflix-Serie zu Hause auf dem Sofa. Ich mag es einfach, mich schon darauf zu freuen. Vielleicht noch leckeres Eis besorgen für den Abend oder einen schönen Wein. Einfach ein bisschen mehr draus machen, als es ist.

Klar, wir könnten beide auch müde und erschöpft am Abend einfach aufs Sofa fallen, sobald die Kinder schlafen. Dann fängt man an auszusuchen, was man gucken will, und plötzlich ist eine Stunde vergangen, weil die Auswahl so lange gedauert hat, dass man fast schon zu müde ist, um überhaupt noch zu starten. »Ach, dann mach doch einfach den Fernseher an«, murmelt der eine erschöpft, und dann guckt man irgendeinen Blödsinn, und niemand ist wirklich happy. Unterschied verstanden? Viel schöner ist es doch, vorher zu beschließen, wer den Film oder die Serie aussucht, und der andere macht einfach mit und lässt sich überraschen. Und genau so machen wir es auch mit anderen Dingen.

Der Freitagabend gehört uns. Die Jungs schlafen, seit sie Babys sind, fast jeden Freitag bei meinen Schwiegereltern. Ich weiß, viele Eltern haben diese Möglichkeit nicht. Falls doch, nutzt sie! Und wenn nicht, schaut mal, ob es anders lösbar ist. Vielleicht gibt es ein Kind von Freunden, das schon im Teenageralter ist und sich ein paar Euro dazuverdienen möchte.

Jedenfalls versuchen wir, uns bei unseren Dates gegenseitig zu überraschen. Es gibt so viele schöne Dinge oder auch Internet-seiten mit Ideen: ein Spaziergang durch ein Viertel, das man kaum kennt (sei Tourist in deiner eigenen Stadt), ein neues Restaurant ausprobieren, Picknick im Park, ein Konzert…

Es ist übrigens erwiesen, dass sich das Leben gefühlt qualitativ verlängert, wenn wir mehr *erste Male* in unser Leben holen. Wenn wir immer wieder den Kick des Neuen spüren. Machen wir hingegen immer nur dasselbe, wissen wir irgendwann gar nicht mehr, wie viel Zeit vergangen ist. Aber an *erste Male* erinnern wir uns.

Und wenn es eben nicht möglich ist rauszugehen, dann macht euch einen schönen Abend zu Hause und denkt an den Unterschied, den Abend zu planen, anstatt einfach in ihn »hineinzufallen«. Mitunter braucht es dafür klare Ansagen. Unsere Kinder kennen von klein auf den Begriff »Erwachsenenzeit«. Schon immer wenn wir sie ins Bett gebracht haben, haben wir gesagt: Der ganze Tag ist Kinderzeit, jetzt ist Erwachsenenzeit.

Unsere Kinder haben mittlerweile ein Verständnis dafür entwickelt. Wir erklären es auch immer wieder, dass wir Zeit für uns brauchen, um dann auch wieder Kraft zu haben, einen schönen Tag zusammen mit ihnen zu erleben.

Ein Hoch auf die Erwachsenenzeit!

»Ihr seht immer noch so verliebt aus«

Ja, das ist ein Satz, den ich tatsächlich oft höre. Und was soll ich sagen, sind wir noch verliebt?
Ich weiß es nicht. Viele Paare trennen sich ja, sobald das Verliebtheitsgefühl verloren gegangen ist. Dieses Kribbeln im Bauch, wenn er oder sie anruft oder auch mal nicht anruft. Dieses Gefühl,

nicht hundert Prozent sicher zu sein, dieses Aufregende. Das Abenteuer, die Leidenschaft, das spannende Gegenüber, von dem man noch nicht alles weiß und kennt.

In den ersten zehn bis 15 Jahren wurde ich immer wieder gefragt: »Glaubst du nicht, du hast etwas verpasst?« Und ich sagte immer ganz spontan »Nein«. Auch heute, ganze 24 Jahre später, glaube ich das immer noch nicht. Warum?

Zum einen entspricht es meiner grundsätzlichen Einstellung zum Leben. Ich habe relativ schnell verstanden, dass alles Neue, das man sich ins Leben zieht – mag es ein neues Handy, neue Klamotten, ein neues Auto sein –, dass all das Glück nur von kurzer Dauer ist. Und bevor ich mich frage, ob ich mal wieder was Neues brauche, um mich glücklicher zu fühlen, schaue ich mir ganz bewusst an, was ich schon habe. Und meistens entscheide ich mich dafür, dass das Alte noch wunderbar ist. Das bedeutet keineswegs, dass ich mir nie etwas Neues gönne. Absolut tue ich das. Aber eben sehr bewusst und nicht, bevor ich mir nicht meine alten Schätze noch einmal angeschaut habe.

Zurück zur Partnerschaft. Ja, auch wir hatten einmal eine Phase, da sah es brenzlig aus. Ich war junge 18 Jahre alt und ging für drei Monate nach San Diego in eine Gastfamilie, um mein Englisch zu verbessern. Irgendwie wussten wir beide, dass das eine harte Probe für unsere Beziehung werden würde. Eigentlich waren wir noch mitten in unserer Fernbeziehung, aber so drei Monate am Stück voneinander getrennt zu sein ist noch mal etwas anderes. Mein damals schon weiser Jakob wusste, dass er mir diesen Traum nicht abschlagen konnte. Und wollte.

Um es kurz zu fassen: Natürlich war ich in den USA ein bisschen verrückt, wie Teenager halt sind. Ich ließ mir ein Tattoo stechen, knutschte betrunken rum, machte Nächte auf Mexikos Partys durch und sprang am Ende noch mit dem Fallschirm aus einem Flugzeug. Ja, wir entfremdeten uns in jener Zeit etwas, und dort stellte sich für mich zum ersten Mal die Frage, ob ich nun etwas »verpasse«. Als ich zurückkam, wollte ich mich tatsächlich trennen, aber Jakob kämpfte für unsere Beziehung mit allem, was er hatte. Und, *thank God,* war ich nicht dumm und blieb mit diesem wunderbaren Menschen zusammen.

Als man Tom Hanks einmal im Interview nach dem Geheimnis seiner Beziehung (30 Jahre Ehe) fragte, sagte er: »Wir wollten uns nie gleichzeitig trennen.« Das ist so wunderschön – einer von ihnen hat immer gekämpft.

Letztendlich war San Diego für unsere Beziehung wichtig; wir lernten dazu, und die Zeit machte uns stärker.

Für alle Paare, die schon viele Jahre zusammen sind, habe ich einen super Buchtipp: *Freizeichen* von einer meiner Lieblingsautorinnen Ildiko von Kürthy. Es ist kein Ratgeber, sondern ein Roman. Dieses Buch hat meine Sichtweise auf Beziehungen mit Anfang zwanzig total verändert. Es handelt von Annabel, die schon lange mit ihrem Freund Ben zusammen ist. Sie spürt, dass irgendwas nicht mehr stimmt. Ist die Liebe weg? Sie fliegt, ohne ihm etwas zu sagen, nach Mallorca, um sich dort Gedanken zu machen. Dort lernt sie eine wahnsinnig attraktive, tolle Frau kennen, die Annabel von einer Affäre mit einem unglaublichen Mann erzählt … Es stellt sich heraus, dass es um Annabels Ben geht. Das Spannende an dieser Geschichte ist, dass Annabel nicht ausrastet, sondern ihr Blickwinkel und ihre Perspektive verändern sich. Plötzlich sieht sie ihren Ben durch die Augen dieser Frau. Oder eben so, wie auch sie ihn einst gesehen hat.

Was ist daran so spannend? Wir verändern uns jeden Tag, und natürlich verändert sich auch unser Blick auf gewisse Dinge.

Spannend ist es, in bestimmten Situationen zu hinterfragen, ob sich das Gegenüber verändert hat oder nicht vielmehr wir selbst uns verändert haben. Vielleicht haben wir auch einfach vergessen, unseren Partner unterwegs mitzunehmen. Möglicherweise erwarten wir, dass er von selbst mitkommt. Aber vielleicht ist die Person einfach noch ganz woanders – was aber nicht heißt, dass sie nicht mitkommen würde, wenn wir sie an die Hand nehmen würden. So merkt Annabel, dass es auch in einer alten Beziehung Neues zu entdecken gibt.

Erwartungen.
Ebenfalls der Anfang vom Ende

Kennst du, oder? Leichter gesagt als getan. Irgendwie haben wir immer Erwartungen. Oder aber Hoffnungen, Wünsche und Träume. Wir dürfen das nur nicht verwechseln!

> Jakob sagt immer:
> *Wer keine Erwartungen hat,*
> *kann nicht enttäuscht werden.*

Mir schwirren gerade mehrere Gedanken gleichzeitig durch den Kopf. Zum einen, meiner Meinung nach eine typische Frauensache: nichts sagen und davon ausgehen, dass der Mann es versteht. Eigentlich so witzig, wenn man darüber nachdenkt. Es gibt dazu einen super Song von Annett Louisan. Jakob und ich sind wahre Fans von ihren großartigen Texten und ihrer Interpretation davon.

AUSGESPROCHEN UNAUSGESPROCHEN

Du fragst: »Was ist?«, ich sage: »Nichts«
Und ziehe weiter mein Gesicht
Du sagst: »Dann ist ja alles gut«
Ich krieg' die Wut, mir kocht das Blut
Hast du den Aufschrei nicht gehört
Den meine Körpersprache röhrt
Den tiefen Schmerz zwischen den Zeilen
Die schwer auf meiner Zunge weilen?
Ich bombardier' dich mit Photonen
Die meine Aggressionen betonen
Sie interessier'n dich einen Scheiß
Diese Millionen von Details
Das alles bleibt …
Ausgesprochen unausgesprochen
Alles bleibt
Ausgesprochen unausgesprochen
Würd'st du mich wirklich lieben
Dann wüsstest du genau
Wie ich gerade fühle
Und was ich wirklich brauch'
Das alles bleibt
Ausgesprochen unausgesprochen zwischen uns
Hab' diesen Punkt, der mich berührt

Mit viel Missachtung demonstriert
Hab' überdeutlich »nichts« gesagt
Und dir damit mein Leid geklagt
Hab' dich gewarnt, mit keinem Laut
Hab' auf dein Feingefühl gebaut
Du musst doch wissen, wenn ich schweig
Dann ist das auch ein Fingerzeig
Jeder sieht doch weit und breit
Wie dieser Blick zum Himmel schreit
Das hast du alles nicht gehört
Bist du denn wahrnehmungsgestört?
Das alles bleibt …
Ausgesprochen unausgesprochen

Ja, wir Frauen machen uns das Leben manchmal selbst schwer, und schuld sind diese blöden Erwartungen. Nun gut, es gibt die eine Seite – unerfüllte Erwartungen – wegen nicht vorhandener Kommunikation. Dann wieder haben wir Erwartungen, weil wir von uns auf andere schließen. Uuuuuuhhhh, sehr gefährlich. Egal wie wir es drehen und wenden, es funktioniert nicht! Wir sind alle unterschiedlich und sehen alles durch unsere eigene Brille. Was ich meine, ist: Wir sehen die Welt nicht so, wie sie ist, sondern wir sehen die Welt so, wie wir sind. Das bedeutet, unsere Sichtweise ist geprägt von unserer Erziehung und unseren Erfahrungen. Dadurch haben wir eben ganz unterschiedliche Sichtweisen auf Situationen und unsere ganz eigene Wahrheit.

Jakob und ich haben zum Beispiel seit 24 Jahren immer wieder denselben Streit, und der liegt nur an unseren Erwartungen und einer unterschiedlichen Sichtweise. Und auch hier gibt es kein

Richtig und kein Falsch Worum es dabei geht? … Gut, ich erzähle es dir, bleibt ja schließlich unter uns.

Jakob und ich unterscheiden uns am meisten in unserer Euphorie. Ich bin wahnsinnig leicht zu begeistern, mehr noch, ich könnte lachen, schreien und tanzen vor Glück. Allerdings sind die Abgründe ebenso emotional. Jakob dagegen ist total bodenständig und realistisch. Klar freut er sich über Dinge, aber alles immer sehr easy. Wenn ich beispielsweise gerade einen coolen Job hatte, will ich erstens, dass Jakob sich alles anguckt und im besten Fall natürlich auch begeistert ist. Und zweitens bin ich ja schon megahappy, wenn ich irgendwo in der engeren Wahl bin, bei einem Casting oder so. Da springe ich schon wie ein Kind durch die Wohnung. Jakob sagt dann gerne: »Wieso freust du dich so, du hast den Job doch noch gar nicht.«

Bähm! Mich trifft das wie ein Schlag. Dabei hat dieser Satz so gar nichts mit mir zu tun, sondern war nur Jakobs ganz eigene Sichtweise auf die Situation. Was passiert aber? Ich fühle mich persönlich angegriffen. In meinem Kopf direkt Sätze wie: »Er glaubt nicht, dass ich den Job bekomme«, »Wieso kann er sich nicht mit mir freuen?«, »Ist das zu viel verlangt???« Und weißt du was? Ja, ist es. Puh, ich bin ein bisschen stolz, dass ich es endlich auch so sehe. Zumindest manchmal.

Hat ja auch lange genug gedauert. So viele Jahre wollte ich ihn unbedingt auf Teufel komm raus ändern. Ich konnte einfach nicht akzeptieren, dass er nicht so tickt wie ich. Ich wollte, dass er so begeistert ist wie meine Mädels, die am Telefon anfangen zu schreien und mir tausend Herzen im WhatsApp-Chat schicken. Aber so ist er eben nicht, und immer wieder haben wir das gleiche Gespräch, in dem er mir sagt, dass dieses Verhalten, das ich erwarte, absolut unauthentisch wäre. Ob ich das lieber hätte und ob er mir was vorspielen solle?

Genauso bei weniger euphorischen Gefühlen. Er erwartet von mir, dass ich mich nicht immer in alles so reinsteigere. Aber das ist eben typisch für mich, so bin ich nun mal, und er wird mich in dieser Hinsicht auch nicht mehr ändern. Wenn ich glücklich bin, lache ich, wenn ich traurig bin, weine ich. So ist das. Ja gut, ich bin 'ne richtige Heulsuse und weine schon bei der Merci-Werbung (auch beim hundertsten Mal).

Heute weiß ich, dass Jakob mich auch ein wenig schützen will. In einem unserer Gespräche sagte er mir mal, dass er manchmal Angst hat. Wenn er noch in meine Euphorie einsteigen würde und es doch nicht klappt, dass ich dann noch tiefer fallen würde. Und er mich deshalb manchmal auch ausbremsen möchte. Ich habe ihm dann erklärt, dass er mich in dieser Beziehung nicht schützen kann. Ich liebe es, mit all meinen Emotionen überall komplett einzutauchen, vielleicht bin ich auch genau deshalb absolut richtig in meinem Job. Und wenn ich dann falle, dann falle ich so oder so. Aber ich kann nicht halbherzig starten, um dann weicher zu fallen.

Mittlerweile weiß ich mich anders zu schützen, und dafür bin ich wahnsinnig dankbar. Ich falle zwar immer noch ganz schön tief, weil ich immer noch hoch einsteige, aber ich kann mich heute viel schneller selbst wieder rausholen.

Was nehme ich aus dieser Situation mit? Anstatt Erwartungen zu haben, schaue ich genau hin, warum der andere sie nicht erfüllt. Was steckt dahinter? Vielleicht etwas, womit ich Mitgefühl haben kann oder es zumindest besser verstehe. Und ich beobachte mich selbst: Warum triggert mich das? Warum kann ich die Situation nicht annehmen, wie sie ist?

Über Liebe
und Verliebtsein

Verliebt, Liebe oder Gewohnheit?

Ganz klar Liebe. Liebe ist so viel stärker, als verliebt zu sein. Ja, das Kribbeln beim Verliebtsein ist toll, aber wir sind uns ja bereits einig, dass dieses Gefühl immer nur von kurzer Dauer ist. Und dafür auf die *Liebe* verzichten?

Auf keinen Fall. Liebe ist, gemeinsam Erinnerungen zu schaffen. Liebe ist, Glück zu erfahren, indem man dem anderen etwas Gutes tut, ohne etwas für sich selbst zu erwarten. Für mich bedeutet Liebe, bedingungslos zu lieben und geliebt zu werden.

*The greatest thing you'll ever learn
is to love and be loved in return.*

Moulin Rouge

Hatte ich bereits erwähnt, dass ich Kitsch liebe?

»Bedingungen« haben meiner Meinung nach in einer Beziehung nichts verloren. Wir sollten die Dinge gerne tun. Liebe bedeutet für mich, das gleiche Ziel zu haben. Den Weg dorthin sehen die beiden Individuen natürlich unterschiedlich, jeweils durch ihre eigene Brille. Und ja, es gibt Diskussionen, Auseinandersetzungen und Krisen. Probleme gibt es in den besten Beziehungen. Der Vorteil dieser Sichtweise fängt da an, wo man die Probleme nicht Probleme nennt, sondern Aufgaben. Für jedes Problem gibt es eine Lösung, aber nur, wenn beide das gleiche Ziel haben! Und mit Ziel meine ich das langfristige Ziel: eine harmonische Beziehung zu führen. Klingt selbstverständlich, oder? Doch viele verlieren durch kleine Herausforderungen den Blick aufs große Ganze.

Ja, ich will!

Als ich mit 21 Jahren nach Berlin zog, wohnten wir zunächst ein paar Monate bei Jakobs Eltern. Wir suchten und fanden unsere erste gemeinsame Wohnung. Sechs weitere wunderbare Jahre lebten wir auf 55 Quadratmetern in einer schnuckeligen Altbauwohnung.

Sie hatte so viel Charme und passte total zu uns. Es gab ein kleines süßes Fenster zwischen Küche und Wohnzimmer, das ich knallgelb strich. Im Schlafzimmer waren ein selbst gebautes Hochbett und darunter ein begehbarer Kleiderschrank. Wir verliebten uns direkt in dieses Zuhause. Das Bad war so winzig, dass mein Vater, wenn er zu Besuch kam, beim Duschen den Kopf einziehen musste. Es war wie eine kleine Kammer im hohen Altbau und dunkelblau gestrichen. Wir kauften dazu einen Duschvorhang mit Fischen und nannten es immer unser kleines Aquarium. Es war speziell, aber das waren wir auch. Im Wohnzimmer stand mein Highlight, ein Schaukelstuhl, der aussah wie eine Sonnenblume. Unser Zuhause war schon so eine kleine Villa Kunterbunt.

Seit ich in Berlin lebte, sagten alle immer: »Was, ihr seid schon so lange zusammen?! Was macht ihr denn, wenn ihr zehn Jahre zusammen seid?«

»Dann heiraten wir!«

Und genau so war es. 2005 bekam ich in Köln einen romantischen Heiratsantrag. Ich war dort für zwei Wochen, um einen Film zu drehen, und wurde im Hotelzimmer von Jakob überrascht. Ich brauche, glaub ich, nicht zu sagen, dass er wirklich an alles gedacht hat, mein Romantiker.

Im gleichen Jahr heirateten wir nur mit unseren Trauzeugen standesamtlich in Dänemark, da Jakob zu der Zeit noch keinen deutschen Pass hatte. Es war ganz wundervoll, dieses kleine zauberhafte dänische Dorf und nur wir vier.

Am 4. Juni 2006 fand dann unsere große Feier in Berlin statt. Für Hochzeiten in unseren Kreisen, den griechischen und jüdischen, fiel sie eigentlich eher klein aus. 110 Gäste. Auf dem Dach vom Stilwerk Berlin gaben wir uns unter einer *Chuppa*, einem Hochzeitsbaldachin, das Jawort.

Wir haben traditionell jüdisch geheiratet, was sich nur darin unterscheidet, dass wir eben unter der *Chuppa* standen. Einige Segen wurden gesprochen, und am Ende wurde ein Glas zertreten und alle schrien »MAZAL TOV!«. Das kennst du sicher aus vielen Hollywoodfilmen. *Mazal Tov* bedeutet: Viel Glück. Das Paar wird auf Stühlen hochgehoben, und alle tanzen im Kreis um es herum. Reingekommen bin ich übrigens zu dem Lied »Your Song« aus dem Film *Moulin Rouge.* Wie sollte es anders sein?

Wir sind wie zwei Boote
in der Nacht

Da hab ich ja fast das Wichtigste vergessen: Humor. Gemeinsam lachen, ja, auch manchmal übereinander. Das nimmt definitiv die Schwere aus vielen Situationen.

Ich würde mich jetzt nicht unbedingt als Morgenmuffel bezeichnen, aber im Vergleich zu Jakob könnte man es denken. Der singt schon um sechs Uhr morgens fröhlich unter der Dusche. Und wenn ich dann total verschlafen in die Küche komme und ohne Kaffee noch gar nicht klar denken kann, macht er die Musik lauter und schnappt mich schon mal, um mit mir schwungvoll durch unser Wohnzimmer zu tanzen.

Wenn es schlecht läuft, mach ich nur ein genervtes Gesicht und renne zur Kaffeemaschine. In guten Momenten lasse ich mich anstecken und ja, muss dann auch lachen. Manchmal knallt er mir auch mit der Hand auf den Hintern und sagt: »Seht ihr, Kinder, Mutti hat den schönsten Knackarsch.« Die Kinder lachen sich kaputt, und Jakob sagt dann: »Das dürft ihr natürlich nur machen, wenn ihr schon so lange zusammen seid wie wir.«

Oft werden wir auch gefragt, ob wir uns überhaupt streiten. Natürlich streiten wir. Allerdings legen wir uns nie im Streit schlafen. Das kann und will ich nicht. Genauso möchte ich ungern im Streit auseinandergehen, zur Arbeit oder wohin auch immer. Klar passiert das hin und wieder. Mich lässt es aber nicht los, und wir klären die Sache dann noch am selben Tag. Streitereien, die sich über Tage hinziehen, gibt es bei uns nicht.

Außerdem bin ich total die Heulsuse, und spätestens dann vertragen wir uns wieder. Ich bin richtig gut im Dramamachen, kann mich aber genauso gut entschuldigen. Manchmal gibt es aber keinen echten Streit, sondern es liegt nur so eine Anspannung in der Luft, vielleicht ein unausgesprochener Streit. Kennst du das? Ich kann dann schon mal echt eklig sein. Sehr oft passiert dann Folgendes. Jakob kommt aus dem Nichts zu mir und singt plötzlich: »Wir sind wie zwei Boote in der Nacht.«

Die meisten von euch denken jetzt wahrscheinlich: Häääähhh??? Was bitte??? Aber einige wenige kennen vielleicht den Song aus dem Musical *Elisabeth*. Da geht es um das Leben der Kaiserin Sisi, nur nicht so herrlich romantisch weichgespült wie der Kultfilm mit Romy Schneider, den wir alle kennen. Das Musical ist eher düster und sehr tragisch. Ich liebe es. Es war das erste Musical, das Jakob je gesehen hat. Mein Papa hat uns zu meinem 17. Geburtstag ein Wochenende in Wien geschenkt, inklusive Musicalbesuch. Ich war ja mitten in meiner Musicalausbildung.

Jakob war total begeistert, er hatte es bis dahin nicht für möglich gehalten, dass er Musicals tatsächlich mögen würde. Zu seinem Glück – konnte ja keiner wissen, dass er mit mir bis heute in jedes einzelne Musical gehen muss.

Zurück zu dem Song. Bei diesem Lied hatten sich Elisabeth und ihr Mann, Kaiser Franz Joseph, entfremdet. Und Franz Joseph singt im Duett:

Wir sind wie zwei Boote in der Nacht,
jedes hat sein eignes Ziel und seine eigne Fracht.
Wir begegnen uns auf dem Meer
und sind mehr allein als vorher
Warum wird uns das Glück so schwer gemacht…

So, jetzt musst du dir vorstellen: total schlechte Stimmung, quasi Funkstille, und plötzlich kommt Jakob um die Ecke und fängt an, »Wir sind wie zwei Boote in der Nacht« zu singen. Egal wie wütend ich vorher war, ich muss immer lachen. Manchmal schickt er mir auch eine WhatsApp mit diesen Zeilen.

Egal wie – es ist der Eisbrecher.

Es gibt so oft Situationen, über die könnten wir eigentlich lachen, wären sie nicht so verdammt ernst. Deshalb ist es einen Versuch wert, mal völlig absurd zu versuchen, das Eis zu brechen.

Rosaroter Denkanstoß

Aufwiegen ist der Anfang vom Ende. Uns gegenseitig das kleine und große Glück zu gönnen, macht uns am glücklichsten.

Wenn ich groß bin,

WERDE ICH SUPERSTAR!

Taka-Tuka-Land
in Griechenland

Die Sommerferien verbrachte ich jedes Jahr in Griechenland bei meiner Lieblingstante Liza. Sie hatte ein riesengroßes Haus ganz in der Nähe vom Strand. Dass dieses Haus gar nicht riesig und der Strand gar nicht so nah war, fiel mir erst als Erwachsene auf, als ich Jahre später noch einmal dorthin zurückkehrte.

Dieses Haus und die Sommer darin gehören zu meinen schönsten Kindheitserinnerungen. Es sind nur Gedankenfetzen, aber alle sind voller Lachen, Abenteuer und Fröhlichkeit. Ich erinnere mich ans Tretbootfahren, an mein gelbes kurzes Kleid und daran, wie wir ein Zelt im Vorgarten gebaut haben. Es war voller Kissen und Decken ausgelegt. Meine Freunde aus der Nachbarschaft und ich kletterten auf Bäume, ernteten Obst und Gemüse, und wir waren immer irgendwelche Figuren aus unserer Fantasie. Am liebsten war ich Pippi Langstrumpf oder Anna von Schlotterstein, die Schwester von Rüdiger, dem kleinen Vampir. Meine Tante Liza nähte mir Gummibänder an Scheuerbürsten, die band ich dann, genau wie Pippi, an meine Füße und machte damit wie eine Eiskunstläuferin die Terrasse sauber.

Am Abend saß ich oft stundenlang am Fenster und wartete auf Rüdiger. Natürlich musste alles an Knoblauch raus aus dem Haus – »Sonst kommt er nicht«, sagte ich immer zu Liza. Und ihr könnt euch sicherlich vorstellen, wie viel Knoblauch es in einem griechischen Haushalt gibt. Zum Strand mussten wir einen echt hohen Berg runter, an diesen Weg erinnere ich mich so gut. Wie oft wir diesen Weg entlanggelaufen sind! Auch das war immer ein großes Abenteuer. Nur den Weg wieder nach oben habe ich in keiner so guten Erinnerung.

Es gab Sommer, die ich ohne meine Eltern in Griechenland war; mit sechs Jahren bin ich sogar allein hingeflogen, was war ich stolz darauf! Und allein war ich vor Ort ja nie. Meine Cousins und Cousinen waren da, Onkel und Tanten und so viele Nachbarn. Alles war immer voller Leben. Und dann kam der Sommer, in dem meine Mama erkrankte. Sie schickten mich nach Griechenland für eine ziemlich lange Zeit, ich glaube, ich war ganze drei Monate dort. Es war der Sommer vor meiner Einschulung. Bei der ich dann übrigens einen totalen Akzent hatte, da ich vorher so viele Wochen nur Griechisch gesprochen hatte. Am Ende der Ferien kamen meine Eltern, um mich abzuholen, und blieben noch eine Woche mit mir dort.

Und dann zog sie
die Perücke vom Kopf

Eines Morgens nahm mich meine Mama im Schlafzimmer beiseite. Ich erinnere mich nur an diesen kurzen Augenblick, ich war ja erst sechs Jahre alt. Sie sagte, ich solle keine Angst haben, aber sie müsse mir etwas zeigen. Sie griff sich in die Haare und zog sich eine Perücke vom Kopf. Natürlich hab ich mich erst mal ganz schön erschrocken. Aber meine Mama beruhigte mich und sagte mir, ich bräuchte keine Angst zu haben und mir keine Sorgen zu machen. Sie sei sehr krank gewesen, aber jetzt sei es vorbei und die Haare würden wieder wachsen.

Dann bekam ich ein wundervolles Geschenk: Ich durfte eine kleine Babykatze von unseren Nachbarn mit nach Deutschland nehmen. Deren Katze hatte gerade Junge bekommen, und eins davon durfte ich haben. Meine kleine Nicky. Ich zog sie mit einer winzigen Flasche auf und war stolze Katzenmami. Rückblickend und heute selbst Mutter, bin ich so beeindruckt, wie meine Eltern das alles gemacht haben. Bei der Einschulung meines ersten Sohnes holten mich die Erinnerungen an jene Zeit ein. Ich war genau im selben Alter wie meine Mutter bei meiner Einschulung. Mir wurde die große Belastung klar, der sie ausgesetzt gewesen war, mit einem unschuldigen kleinen Kind, dem man allen Schmerz und alle Sorgen ersparen möchte.

Weil sie so großartig waren, sind mir nur wundervolle Erinnerungen an jenen Sommer geblieben.

Goldene Momente
bleiben ewig

Ich erinnere mich, dass dienstags immer Markttag war. Direkt vor der Stadtwohnung meiner Tante verlief der Markt. Früh am Morgen wurde ich durch lautes Schreien geweckt. Die Marktstandbetreiber versuchten alle, lauter zu sein als ihr Nachbar. Ich liebte es, dann ganz schnell die Treppe runterzurennen und einzukaufen. Es roch nach Gewürzen. Überhaupt sind alle Gerüche und Geschmäcker aus dieser Zeit tief in mir verwurzelt. Der Geruch von gefüllter Paprika, die ich seither nie mehr so gut gegessen habe. Ich bin immer noch verrückt nach Merinda, der griechischen Nutella, und an jeder Straßenecke findet man kleine Büdchen, an denen es Getränke und alles Mögliche an Süßkram gibt. Auf Griechisch heißen sie *Periptero,* und noch heute muss ich mir als Allererstes einen Multivitaminsaft von Amita holen, wenn ich nach Griechenland komme. Oder auch der Geruch der Wohnung, den ich nicht beschreiben kann. Aber manchmal fliegt er mir unverhofft in die Nase, und mit einem Schlag bin ich wieder sechs Jahre alt und stehe in Lizas wundervollem Wohnzimmer. Frühmorgens schaute ich immer deutsches Fernsehen. Ich liebte die Serie »Drei Mädchen und drei Jungen«. Megastolz sang ich immer die Titelmelodie mit – ach, die 80er!

Ich erinnere mich daran, dass das Wasser zum Duschen immer zu kalt war und dass wir damit sparsam umgehen sollten. Meine Tante füllte das Wasser in einen Eimer und wusch dann meine langen Haare. Ich erinnere mich auch an den Geruch der Handseife und an das schöne Gefühl des kalten Marmorbodens unter den Füßen, der in der ganzen Wohnung auslag.

Ich erinnere mich an meine beste Freundin Maria aus der Nachbarschaft, die in einem winzigen Haus mit ganz vielen Geschwistern lebte. Ich glaube, sie schliefen alle zusammen in einem Zimmer und ihre Eltern noch dazu. Sie waren unglaublich gastfreundlich und freuten sich immer über Besuch von ihrer kleinen blonden deutschen Freundin.

Mein anderer griechischer Onkel hatte ein Süßigkeitengeschäft. In diesem Laden gab es so unfassbar viel unterschiedliches Gebäck, Torten, Bonbons – alles, wovon ein Kinderherz träumt. Und wenn ich an meine Oma denke, fallen mir sofort diese kleinen gehäkelten Tischdeckchen ein. Wir hatten Hunderte von ihnen, da meine Oma immer am Häkeln war. Meine Cousine erzählte mir vor Kurzem davon, dass wir oft mit dem Bus von der Stadt zum Strandhaus gefahren sind. Und dass ich immer gesungen habe. Ich war vier Jahre alt und unterhielt den gesamten Bus. Erst rief ich, dass alle bitte leise sein sollten, und dann ging es los. Alle klatschten, und ich war wohl immer überglücklich.

Meine Tante Liza war mit Abstand der lustigste Mensch, den ich kannte. Ich kann ihr Lachen noch immer hören. Sie war immer auf Zack und lief grundsätzlich zwei Meter vor allen anderen. Wenn ich an sie denke und an all meine schönen Kindheitserinnerungen, die mit ihr verknüpft sind, bekomme ich sofort ein Lächeln im Gesicht und ein warmes Gefühl im Bauch.

Als sie uns das erste Mal in Berlin besuchte, wachten Jakob und ich eines Morgens auf, und sie war nicht da. Sie hatte kein Handy, und wir wussten nicht, wohin sie gegangen war. Sorgen machten wir uns aber keine, weil es total typisch für sie war, verrückte Sachen zu machen. Am Nachmittag kam sie dann nach Hause und erzählte, dass sie ganz Berlin gesehen habe.

Sie war zum Bus gelaufen und hatte den Busfahrer mit ihren paar Brocken Deutsch gefragt, mit welchem Bus sie zum Brandenburger Tor käme. Er sagte, sie solle einfach sitzen bleiben. Da sie auch Türkisch sprach, konnte ihr der türkische Busfahrer alles Mögliche erzählen, und so bekam sie eine exklusive Stadtrundfahrt. Am Abend lachten wir uns gemeinsam mit ihr kaputt. Immer wenn sie nach Deutschland kam, hatte sie einen riesigen Koffer dabei. Darin war kaum etwas zum Anziehen, sondern vor allem Lebensmittel. Damit bekochte sie uns dann jeden Tag.

Wie gerne wäre ich mit meinen Kindern noch einmal nach Griechenland in dieses kleine Haus am Strand gefahren! Wie schön wäre es gewesen, sie hätten Liza noch kennengelernt. Doch sie wurde sehr krank und verlor ihre Stimme. Der Krebs hatte sie ihr genommen. Und plötzlich war es still in Griechenland. Kein Lachen mehr, und meine geliebte Liza baute immer mehr ab.

Mein letzter Wunsch, der sie betraf, hat sich aber noch erfüllt: Sie hat es zu meiner Hochzeit nach Berlin geschafft. Und starb kurz darauf.

Wo Samen gepflanzt werden, wachsen irgendwann Blumen

Als ich einmal nach den Sommerferien aus Griechenland wieder nach Hause kam, erwartete mich eine große Überraschung. Meine Mutter hatte in meinem Kinderzimmer eine Ballettstange anbringen lassen. An der einen Wandseite befand sich nun ein großer Spiegel, der Boden davor war aus Holz, und am Spiegel entlang verlief die Ballettstange. Kreischend rannte ich ins Zimmer und freute mich so sehr. Dass meine Mutter daran gedacht hatte! Seit ich die Serie »Anna« mit sechs Jahren zum ersten Mal gesehen hatte, träumte ich von dieser Ballettstange.

Nun fing auch ich mit dem Tanzen an. Ich war nie besonders gut, aber ich habe es geliebt. Überhaupt liebte ich die Bühne. Sobald meine Mutter und mein Vater Gäste hatten, mussten sich alle im Wohnzimmer hinsetzen. Das Wohnzimmer wie auch das Schlafzimmer meiner Eltern waren zwei klassische Altbauzimmer. Statt einer Tür gab es zwischen ihnen nur einen Vorhang. Er markierte, seit ich denken kann, meine Bühne. Ich liebte es, dahinter alles vorzubereiten und aufzubauen. Dort zog ich mich um und legte sorgfältig meine Requisiten bereit.

Und dann ging es los. Vorhang auf, Musik an. Minilädchen samt eigener Mini-Playbackshow gab es täglich bei uns zu Hause. Ich sang und tanzte und war glücklich.

Ich denke, in diesen Momenten wurden in mir die Idee und der Wunsch geboren: »Wenn ich groß bin, werde ich Superstar!« Das war mir völlig klar. Bei jeder Aufführung, ob im Kindergarten, in der Grundschule oder auf der Oberschule, war ich dabei. Ich verliebte mich in das Gefühl, auf der Bühne zu stehen. Der Ehrgeiz packte mich früh, und für mich gab es keine Alternative. Festgelegt hatte ich mich aber noch nicht – Sängerin, Tänzerin, Moderatorin, Schauspielerin? Alles reizte mich. Meine Eltern haben mich immer unterstützt, und dafür werde ich ihnen ewig dankbar sein. Keine Träume waren zu groß!

Ich erinnere mich an das gemeinsame Abendbrotritual mit meiner Mama. Am Wochenende aßen wir immer vor dem Fernseher

im Wohnzimmer. Es gab Laugenbrötchen mit Avocado und selbst gemachten Eiersalat mit Mayonnaise. Wir guckten »Traumhochzeit«, und in den Werbepausen stand ich auf, verschwand hinter dem Vorhang und kam als Linda de Mol wieder raus. Wenn ich heute darüber nachdenke, dass ich Jahre später tatsächlich den Ableger davon moderieren durfte, bekomme ich eine Gänsehaut und denke, dass meine Mama auf ihrer Wolke sitzt und sich sicher sehr darüber freut.

Unser Restaurant, in dem alles so voller Leben war

Meine Eltern hatten seit meiner Geburt ein italienisches Restaurant betrieben. La Casita, ein Erlebnisrestaurant im Herzen von Hamburg-Eppendorf. In diesem Lokal gab es immer etwas zu feiern, die Weihnachtsdekoration hing das ganze Jahr über, genauso wie die von Silvester und Geburtstagen. An der Decke hingen lustige alte Gegenstände, die mein Papa aus dem Ausland mitbrachte. Die Wand im Eingang war voller Autogrammkarten. Menschen aus der Fernsehbranche und aus dem Sport waren Stammgäste. Jeder Gast wurde mit Namen und Küsschen begrüßt. Diese herzliche Atmosphäre hat mein Papa geschaffen. Nicht umsonst nannten sie ihn liebevoll den »Bürgermeister von Eppendorf«. Mein Papa stand also im Prinzip auch schon immer auf einer Bühne und machte einen echt guten Job.

Von ihm lernte ich schnell, jeden Gast, sprich jeden Menschen, mit der gleichen Aufmerksamkeit und dem gleichen Respekt zu behandeln. Er sagte immer: »Egal ob Schauspieler, Politiker, Adelige oder Arbeitslose: Alle gehen sie bei mir auf dieselbe Toilette.« Das saß, und ich habe es nie wieder vergessen. Mein Papa liebte die Menschen, und die Menschen liebten ihn.

Schon als kleines Mädchen liebte ich es, hinter der Bar zu stehen und die Getränke zuzubereiten. Manchmal durfte ich auch an die Tische und eine Bestellung aufnehmen. Als Teenager dann nach der Schule mit meiner Freundin ins Restaurant kommen und unsere Lieblingsspeisen essen – ja, es war wunderbar. Auch meine Kindergeburtstage feierte ich häufig dort; meine Eltern dekorierten einen Raum für mich, und wir hatten immer viel Spaß.

Viele fragten mich: »Dein Vater ist doch Grieche und deine Mutter Israelin. Warum habt ihr ein italienisches Restaurant?« Berechtigte Frage. Mein Vater liebte die italienische Küche und gab sich ziemlich glaubwürdig über dreißig Jahre als Halbitaliener aus, vielleicht habe ich mein Schauspieltalent auch von ihm, wer weiß? Sein Spitzname war Pierro, aber eigentlich heißt er Panagiotis. Heute trägt mein älterer Sohn Joel diesen Namen als Zweitnamen und ist mächtig stolz darauf.

Mein Papa spricht fließend Italienisch, Spanisch und Griechisch und wahrscheinlich von jeder Sprache dieser Welt drei Sätze. 15 Jahre seines jungen Lebens ist mein Papa als Schiffsoffizier um die Welt gereist. Als Kind fand ich das ziemlich cool, ein wenig wie Pippi Langstrumpf und ihr Papa, der Kapitän. Eines Tages, in Hamburg angekommen, sagte er: »Die schönste Stadt der Welt – hier bleibe ich.« Und so wurde Hamburg mein Geburtsort. Am 14.10. um 14.10 Uhr erblickte ich dort das Licht der Welt.

Noch heute, wenn ich in Hamburg auf Veranstaltungen bin, sprechen mich Menschen aus der Fernsehbranche an und sagen:

»Du bist doch die Tochter von Pierro vom La Casita?« Dann sehe ich immer ein großes Lächeln in ihrem Gesicht, und sie erzählen mir von lustigen Partys, die sie dort gefeiert haben, und davon, dass mein Vater, schon als ich klein war, immer fragte: »Meine Tochter möchte auch ins Fernsehen, kannst du da nicht was machen?« Dann sagen sie, Eppendorf sei nicht mehr dasselbe ohne dieses zauberhafte Restaurant mit den Stufen nach unten, und drinnen das pure Leben.

Nur eine Wohnung, und doch ein ganzes Haus

Aufgewachsen bin ich in einem ganz wunderschönen Viertel in Hamburg. Der Grindelkiez mit dem legendären Abaton-Kino, kleinen Lädchen, der Eisdiele und meinem Lieblingseckladen Pappnase und Co. Diesen Laden gibt es sogar heute noch. Ich erinnere mich, dass ich fast jeden Tag nach der Schule ewig lang da drin war, und es gab immer etwas zu entdecken. In meiner Erinnerung ist er wie ein Laden aus *Harry Potter*, mit kleinen Gängen, freundlichen Mitarbeitern und Bergen an Scherzartikeln.

Kindheit bedeutet für mich auch das Franzbrötchen. Wenn ich in Hamburg ankomme, ist es immer das Erste, was ich mir hole. Aber es gibt Unterschiede, sie dürfen niemals trocken sein, am besten sind sie ein wenig sabschig und klebrig. Ich habe sogar mal ein Schulpraktikum beim Bäcker gemacht, aber ehrlich gesagt, war das nicht geplant. Ich hatte mich einfach nicht darum gekümmert, und schwups war die Zeit vergangen und meine letzte Chance war unser Bäcker an der Ecke. Und soll ich dir was sagen? Es hat mir einen Riesenspaß gemacht. Trotz des frühen Aufstehens liebte ich die Atmosphäre. Die Menschen freuten sich auf ihr Franzbrötchen und ein freundliches Gesicht am Morgen.

Der Altbau, in dem ich aufgewachsen bin, hatte ein großes Treppenhaus. Ich konnte von unserer Wohnungstür im ersten Stock bis hinauf in den vierten schauen. Alle Menschen in diesem Haus kannten einander. Schräg gegenüber im zweiten Stock wohnte die beste Freundin meiner Mama, sie kannten sich schon aus ihrer Kindheit. In diesem Haus war man niemals alleine. Die Freundin meiner Mama hatte drei Söhne. Ich erinnere mich daran, wie cool ich es fand, dass sie zu Hause nur Englisch gesprochen haben, denn ihr Papa war Amerikaner. Draußen waren wir immer Cowboys und Indianer. Das mittlere Kind, das so alt war wie ich, hieß Joel. Er war mein erster bester Freund. Seinetwegen war für mich immer klar, dass mein Kind auch so heißen sollte, und tatsächlich bekamen wir als Erstes unseren Joel.

Unser Haus gehörte der Jüdischen Gemeinde, und an den Feiertagen merkte man das deutlich. Rezepte wurden ausgetauscht, wir gingen zusammen in die Synagoge, und manchmal feierten wir auch gemeinsam. Ich erinnere mich an Operngesang aus dem zweiten Stock, denn dort lebte eine Sängerin, die täglich ihre Übungen machte. Sehr zum Leidwesen meines Vaters, der wegen des Restaurants erst in den Morgenstunden nach Hause kam und lange schlief. Die Türen der Wohnungen waren immer offen. Kurz mal Milch oder Eier oder was auch immer aus dem Kühlschrank eines Nachbarn holen – völlig normal.

Unsere Wohnung ähnelte einem gemütlichen Museum. Meine Mutter war eine Sammlerin. Bei uns gab es Hunderte von Engeln.

Einmal versuchte ich, sie zu zählen. Sie waren überall: kleine und große Porzellanfiguren, Engel auf großen, wunderschönen Gemälden oder auf Engelsgeschirr – so stellte ich mir damals den Himmel vor. Rückblickend verstehe ich, warum meine Mutter immer am Putzen war, anders wäre es gar nicht möglich gewesen, die ganzen Staubfänger sauber zu halten. Im Esszimmer wiederum saßen an die zehn Porzellanpuppen. Zugegeben, vor denen hatte ich immer ein bisschen Angst, obwohl sie eigentlich alle wunderschön waren.

Ein rosafarbener Teppich ging durch die ganze Wohnung. Nur nicht in meinem Zimmer, das ein paar Mal die Farbe wechselte; in Erinnerung geblieben ist mir der dunkelblaue Teppich aus meiner Jugendzeit. Was ebenfalls sehr auffällig war, waren die Unmengen an Fotos. Überall Familienbilder in verschiedenen Rahmen. Für den Flur und die Küche hatte meine Mama wunderschöne Collagen gebastelt. Ja, unsere Wohnung hatte wirklich etwas von einem Museum, es gab immer etwas zu entdecken.

Stolpersteine … auch dieser Teil der Geschichte gehört zu mir

Ich gebe zu, in meiner Jugend habe ich mich nicht sonderlich mit meiner Familiengeschichte auseinandergesetzt. Für mich war meine Identität glasklar. Multikulti halt, was soll daran schwierig sein? Mir wurde jedenfalls vorgelebt, dass alles möglich ist. Für mich waren meine unterschiedlichen Wurzeln immer ein Plus. Mein Umfeld habe ich immer als interessiert wahrgenommen.

Meine Freunde fanden es spannend, dass ich neben Weihnachten noch andere Feiertage hatte. Am liebsten mochten sie schon immer Jom Kippur.

Jom Kippur ist der höchste jüdische Feiertag. Durch den jüdischen Kalender liegt er jedes Jahr an einem anderen Tag im September. Immer genau zehn Tage nach dem jüdischen Neujahr Rosch ha-Schana. Es ist Tradition, an diesem Tag zu fasten und Frieden zu schließen mit sich und seinem Umfeld. Man nennt Jom Kippur auch den Versöhnungstag.

Ich erinnere mich noch, dass meine Freunde in der Schule mich immer fragten, wann genau dieser Tag sei. Sie mochten die Tradition, sich mit allen auszusprechen und um Verzeihung zu bitten. Vielleicht wird einem durch so einen Tag erst bewusst, dass wir das im Grunde viel zu selten tun.

Mit meinen jüdischen Wurzeln bin ich sehr selbstverständlich aufgewachsen. Zwar war ich die Einzige in meiner Klasse, ich glaube sogar an der ganzen Schule, aber ich war jede Woche im jüdischen Jugendzentrum und dann natürlich in den Feriencamps. Meine Erfahrung über die Jahre hinweg hat mir gezeigt, dass meine vollkommen selbstverständliche Art, ein Multikultileben zu führen, immer auf offene Herzen gestoßen ist. Vielleicht liegt es auch daran, dass ich allen offen gegenübertrete. Kennst du folgenden Spruch? Er entspricht absolut meiner Einstellung.

Es ist unmöglich,
Toleranz und Offenheit zu erwarten,
wenn wir sie selbst nicht leben.

Natürlich ist mir die Identitätsfrage oft begegnet: »Fühlst du dich denn jetzt deutsch oder jüdisch, griechisch oder israelisch?« Du kannst dir sicher vorstellen, dass ich mir selbst diese Frage nie gestellt hätte, da sie für mich auch gar keine Rolle spielt. Ich kann das so gar nicht trennen, alles ist ein Teil von mir.

Die Eltern meiner Mama waren Deutsche, wie auch ihre Eltern. Heute kann ich nur erahnen, wie mutig meine Großeltern Margot und Hermann Abel damals gewesen sein müssen, als sie die Entscheidung trafen, gerade noch rechtzeitig alles zurückzulassen und aus Deutschland, ihrer Heimat, zu fliehen. Meine Urgroßeltern haben es nicht geschafft, daran erinnern heute ihre Stolpersteine in Hamburg. Martha und Alphons Abel, die in Theresienstadt und Auschwitz ihr Leben lassen mussten. Und ich danke meinen Großeltern, dass sie, nachdem meine Mutter Edna in Israel geboren worden war, ein zweites Mal mutig waren und 1957 wieder nach Hause zurückkehrten, nach Hamburg.

Dieser Teil der Geschichte gehört auch zu mir, und ich werde alles dafür geben, meinen Kindern die gleiche Selbstverständlichkeit zu vermitteln, die mir mitgegeben wurde.

Die 90er-Jahre ...
was für ein buntes Jahrzehnt

Alles war in den 90er-Jahren so herrlich bunt und vielseitig. Musik und Bands spielten eine große Rolle in meinem Leben. Die erste Musik, die ich Ende der 80er-Jahre selbst wählte und kaufte, war von Michael Jackson und New Kids on the Block. Und was war ich stolz, dass meine Eltern mir schon so früh erlaubten, Konzerte zu besuchen! Ich war ja schon mit ihnen bei Eros Ramazzotti gewesen, und bei meinem allerersten Konzert, mit sechs Jahren, hatte ich die Rolling Stones erlebt. Kann mich nur an das coole Shirt mit dem Mund drauf erinnern, das so groß war, dass ich es als Kleid trug. Es folgten zig Konzerte, Take That, East 17, Michael Jackson, Janet Jackson … und nicht zu vergessen: die Bravo Supershows mit ganz vielen Megaacts. Daneben natürlich noch die Autogrammstunden im Plattenladen. Klein-Susan war immer und überall ganz vorne mit dabei. Spielte Musik in deiner Jugend auch eine so große Rolle? Bei welchen Songs wirst du sofort wieder in die damalige Zeit versetzt?

Erinnerst du dich noch an folgende Situationen? Es ist Donnerstagmorgen, und vor der Schule geht's unbedingt noch zum Kiosk, weil die neue *Bravo* wartet. Sonntagmittag auf jeden Fall zu Hause sein, um Bravo TV nicht zu verpassen. Zum Glück gab es schon den Videorekorder, so konnte man bei gutem Wetter ins Schwimmbad und verpasste trotzdem nicht seine Lieblingssendung, bei mir war es »Beverly Hills 90210«.

Mein Kinderzimmer war überhaupt saucool. Ich hatte schon früh freie Hand und war ständig am Umdekorieren. Mal waren die Wände voll bemalt – alle meine Freunde hatten etwas draufgeschrieben und -gemalt. Dazwischen ohne Ende Fotos. Oder ich strich das ganze Zimmer mit einem Schwamm, natürlich in Knallrot. Bis es irgendwann mit Postern meiner Lieblingsbands tapeziert war. Die Sammelordner stapelten sich, und die Regale waren voller CDs. Das Highlight damals waren die Songtexte in den CD-Hüllen, die wir akribisch auswendig lernten.

Und dann gab es ja noch MTV. Ich erinnere mich, dass meine

beste Freundin diesen Sender zuerst empfangen konnte, und so saßen wir stundenlang bei ihr vor dem Fernseher und warteten auf die besten Clips. »Remember the Time« von Michael Jackson gehörte dazu, und ich sehe uns zwei noch, wie wir immer und immer wieder versuchten, die Choreografie zu tanzen. Bei »Babe« von Take That wurde immer geweint, und bei Lucielectrics »Mädchen« haben wir ganz laut mitgesungen.

Die Mode war bunt und schrill, aber auch vielseitig. Auf dem Schulhof war alles vertreten: Es gab die Hip-Hopper mit ihren Baggy Pants, die Girlies, pastellfarben und in bauchfreien Tops, die Nirvana-Fans mit Dreadlocks und Grungelook, und es gab ein paar wie mich, die sich überall ein wenig zu Hause fühlten. Mit 15 hatte ich ein Nasenpiercing, dazu schön selbst getönte Haare, und die Farben sahen nie aus wie auf der Packung.

Es gab jenen Donnerstagmorgen, an dem Take That ihre Trennung bekannt gaben und wir vom Kiosk anstatt zur Schule direkt wieder nach Hause gingen. Weinend habe ich all meine Trauer in meinen Tagebüchern niedergeschrieben und dabei natürlich immer ihre Musik gehört. Wir sammelten sogar Unterschriften, damit sich die Musiker wieder vereinten. Man kann uns auf jeden Fall nicht nachsagen, wir wären faul gewesen, zumindest außerhalb der Schule nicht. Du merkst, ich war als Teenager ein Fan wie aus dem Bilderbuch.

Und dann kam plötzlich eine Band, die so ganz anders war. Meine prägendste Fanzeit waren die Jahre von 1993 bis 1995, und zwar schwärmte ich für die Kelly Family. In dieser Zeit habe ich ungelogen nichts anderes gemacht, als für diese Band zu leben. Ich war quasi mit ihnen auf Tour, auf 32 Konzerten. Ich habe vor den Konzerthallen übernachtet, und meine Eltern waren so cool, dass sie mir Entschuldigungen für die Schule schrieben, damit ich zu einem Konzert in einer anderen Stadt fahren konnte. Einmal haben sie mich sogar früher von einer Klassenfahrt abgeholt. Es war eine irre intensive Zeit, die ich nicht missen möchte.

Als Fan sogar
was fürs Leben gelernt

Relativ schnell war es mein Ziel, bei jedem Konzert in der ersten Reihe zu stehen. Natürlich denkt man sofort: »Das ist doch unmöglich.« Schließlich kommen um die 10 000 Menschen oder mehr im Durchschnitt zu den Konzerten. Und wie viele stehen davon in der ersten Reihe? Vielleicht 50? »Unmöglich!«

Nach kurzer Überlegung dachte ich: »Aber es stehen ja 50 Menschen da vorne. Also ist es *nicht* unmöglich – dann kann ich doch eine von diesen 50 Menschen sein!«

Diese These übertrug ich schon damals auf mein gesamtes Leben und meine Träume: Ich entscheide, was möglich ist. Schon Walt Disney arbeitete genau nach diesem Prinzip. Er entwickelte sogar Arbeitsräume dafür. Als Erstes gehen alle Autoren in den Raum der unbegrenzten Möglichkeiten. Hier entstehen alle fantasievollen, unglaublichen Ideen. Dann geht es in den nächsten Raum, wo darüber nachgedacht und diskutiert wird, wie diese Ideen realisiert werden können. Und schließlich gibt es noch den Raum der Kritik. Der Unterschied, den dieses Vorgehen bewirkt, ist riesig. Denn viele Menschen würden als Erstes in den bodenständigen, realistischen Raum gehen. Aber eines kann ich dir mit

Sicherheit sagen: In dem Raum entstehen keine großen Ideen, und auch Träume erfüllen sich dort nicht.

Erlaube es niemals,
dass die Unmöglichkeiten anderer
deine Träume zerstören.

Im Fall von den Konzerten musste ich natürlich viel in Kauf nehmen, um auch tatsächlich in der ersten Reihe zu stehen. Frieren, kaum schlafen, wenig essen und trinken. Jedes Ziel hat seinen Preis. Aber ich wurde fast süchtig nach dem Gefühl, in diese Hallen zu rennen und vorne die Absperrung zu erreichen. Alle, die eine solche Fanzeit erlebt haben, wissen, wovon ich spreche.

Dazu gab es noch eine interessante Sache, die ich davon mitgenommen habe: den Umgang mit den Fans. Damals natürlich noch völlig unbewusst – woher hätte ich wissen sollen, dass ich es wirklich mal gebrauchen könnte? Ich hatte die Kellys auf Straßenkonzerten entdeckt und quasi noch die Anfänge miterlebt, denn genau in dem Jahr kam für sie der Durchbruch. Gestern noch vor ein paar Hundert Leuten gespielt und mit einem Mal die Riesenhallen. Ich weiß noch, wie wir einmal – es war irre kalt – nachts um drei Uhr zur Konzerthalle fuhren und gegen zehn Uhr morgens die Kellys mit ihrem Bus zum Soundcheck ankamen. Sie sahen uns, und Kathy Kelly brachte uns heißen Tee und sagte zu uns: »Ihr seid so verrückt, aber danke, dass wir euch haben!«

Große Dankbarkeit und Wertschätzung, die hat man immer gespürt, egal wie groß ihr Ruhm wurde. Das ist bei mir so sehr hängen geblieben. Ohne Zuschauer sind wir Künstler nichts. Ja klar können wir die Kunst auch nur für uns ausüben, aber jetzt mal ehrlich: Wir suchen uns diesen Job aus, um andere zu begeistern und mitzureißen. Natürlich gab es Zeiten, da konnte auch ich kaum auf die Straße gehen, und es gab viele Plätze, die ich meiden musste, wenn ich meine Ruhe haben wollte. Orte wie das Schwimmbad, Einkaufszentren oder überhaupt Einkaufsstraßen.

Ich muss sagen, ich war selten gestresst dadurch. Denn eigentlich wurde mir doch nur Freude entgegengebracht. Okay, manchmal gab es auch seltsame Situationen, merkwürdige Menschen, aber im Großen und Ganzen hab ich es geliebt. Vielleicht weil ich genau wusste, wie sich die Situation für mein Gegenüber anfühlt. Die Aufregung, das Zittern, das Kribbeln, und wie stolz man war, ein Foto zu bekommen. Und wie lange man noch von diesem einen Moment zehrt. Das ist vielleicht schwer nachzuvollziehen, wenn man es selbst nie erlebt hat. Deshalb bin ich dankbar für meine Fanzeit und froh, dass ich ein paar Menschen dieses kleine Stückchen Glück zurückgeben durfte.

Einladung zur Echo-Verleihung – ich hab es geschafft!

Die Verleihung des Echo-Preises, die größte deutsche Musikveranstaltung, fand jedes Jahr im März in Hamburg statt. Das war das Event, bei dem ich auf jeden Fall dabei sein musste. Meine Freundinnen und ich kauften uns jedes Jahr ein Ticket, aber das war nur das halbe Abenteuer.

Das eigentliche Event war die After-Show-Party, auf die wir uns Jahr für Jahr erfolgreich reinschmuggelten. In einem Jahr hatten wir gefälschte Pässe dabei, mit denen wir behaupteten, wir würden ein Praktikum bei einer bekannten Zeitung machen, und im nächsten Jahr waren wir die Backgroundtänzerinnen von Tic Tac Toe. Das Jahr, in dem wir so taten, als würden wir nur Englisch sprechen (weil wir zu einem internationalen Act gehören), ist mir immer noch ein Rätsel. Ich glaube, der Securitytyp hatte Mitleid oder wollte einfach unsere Bemühungen belohnen, denn unser Englisch war eher »Denglisch«. Ein anderes Mal kannten wir jemanden, der im Catering arbeitete und uns über den Servicegang reinließ. Wir hatten immer gute Ideen und eine Menge Glück. Wenn wir drin waren, fühlten wir uns wahnsinnig wichtig und saucool, machten Fotos mit unseren Stars, und ich dachte mir immer: *Irgendwann werde ich eine von ihnen sein.*

Als ich im Jahr 2001 das erste Mal offiziell zur Echo-Verleihung eingeladen wurde, war es etwas ganz Besonderes. Ich rief sofort meine Freundin an, mit der ich mich immer hineinschmuggelte, und sagte: »Rate mal, wer dieses Jahr ganz offiziell mit Bändchen zur Echo-Verleihung eingeladen ist? Du und ich!«

Ab dem Moment hörte ich sie bloß noch ins Telefon kreischen. Das Ganze wurde nur noch davon getoppt, dass wir zeitgleich mit Robbie Williams auf dem roten Teppich standen. Und wir wären nicht wir, wenn wir nicht die Gunst der Stunde genutzt und ein Foto mit ihm gemacht hätten!

Jede Chance ergriffen

Heute gibt es so viele Möglichkeiten, die Dinge selbst in die Hand zu nehmen. Wir sind alle vernetzt, und wäre ich heute noch mal 16, wäre ich selbstverständlich ein YouTube-Star. Hallo? Ich hätte so viele Ideen gehabt, etwas Eigenes zu kreieren. Damals sah die Welt noch anders aus. Vieles schien unerreichbar fern, aber Klein-Susan waren keine Träume zu groß.

Mein Ziel: aufs Titelblatt der *Bravo*! Gut, das ist kein konkretes Berufsziel, aber wen juckte das schon? Mir reichte es als Ansporn. Ich stellte in meinem Kinderzimmer das VIVA-Fernsehstudio nach und moderierte Sendungen. Mit diesen Videos bewarb ich mich bei den Sendern. Ich stylte mich wie Heike Makatsch mit einer Million Haarspangen auf dem Kopf und sagte Videoclips an. Mit knapp 18 schaffte ich es damit in die Endrunde des großen Bravo-TV-Castings, dem ersten, das damals sogar im Fernsehen lief. Ich war unter den letzten zehn Teilnehmern, von denen sich noch einige in der Branche tummeln: Yvonne Catterfeld, Mirjam Weichselbraun, Charlotte Karlinder und Collien Ulmen-Fernandes, die den Job damals auch bekam.

Von klein auf an war ich an meinen Träumen drangeblieben. Schon mit zwölf Jahren meldete mich meine Mutter in den Ferien bei einem Musical-Workshop an. Bei der Abschlussaufführung sang ich dann mein erstes Solo aus dem Musical »Hair«. Es folgte jedes Jahr ein Ferien-Workshop, bis ich mit 15 Jahren im Zuge dessen meine Aufnahmeprüfung an der Stage School machte. Verkleidet als Arielle, die Meerjungfrau, mit einer Gabel in der Hand, sang ich »Ein Mensch zu sein«. Kurz darauf kam der Brief zu mir nach Hause. Du bist angenommen!

Hab ich das wirklich alles allein gemacht?

Die Ausbildung ging im September los – im Dezember davor hatte ich meine Mama verloren. Plötzlich erwachsen. Plötzlich nur noch Papa und ich. Plötzlich selbstständig.

Mein Leben änderte sich schlagartig, aber durch den starken Halt von Jakob, meinem Papa, meiner Familie und meinen Freunden ging es Schritt für Schritt weiter.

Rückblickend betrachtet, bin ich schon ganz schön stolz auf mich. Ich habe damals mein Leben selbst in die Hand genommen. Vielleicht weil ich wusste, dass es sonst niemand tun würde. Mein Papa hat immer viel im Restaurant gearbeitet, und auch wenn er es oft anders wollte, war er nicht viel da. Ich habe das aber verstanden und ihm nie übelgenommen.

Unterbewusst habe ich viel daraus gelernt. Vor allem, fleißig zu sein. Meine Ziele und Träume fest im Blick, hatte ich mich eigenständig für die Ausbildung beworben. Während der dreijährigen Musicalausbildung ging ich noch für drei Monate in die USA, es war der bereits erwähnte Sprachaufenthalt bei einer Gastfamilie in San Diego. All das organisierte ich mir selbst.

Die Ausbildung war ungefähr so, wie ich sie mir vorgestellt hatte. Ich fühlte mich permanent wie in meinem eigenen Film, ein bisschen wie *A Chorus Line*, *Fame* oder *Flashdance*. Während meine Freunde das Abi machten, tanzte und sang ich. Ich fand mich schon ziemlich einzigartig mit 16, wie ich da als Jüngste des Jahrgangs mit den Großen mitmischte.

Aber am Ende des ersten Jahres spürte ich schnell, dass das kein Film war. Die Prüfung bestand ich nur knapp. Es gab Punkte für Technik und Ausdruck sowie für Präsenz auf der Bühne. Unsere Schulleiterin nahm mich damals beiseite und sagte zu mir: »Susan, deine Technik ist noch nicht so stark, gerade im Tanz, aber dafür bist du ja hier an unserer Schule. Doch du hast etwas, das kann man nicht lernen. Man hat es oder man hat es nicht. Deine Ausstrahlung auf der Bühne. Nutze das zweite Jahr bewusster. In dieser Branche wird dir nichts geschenkt.«

So tanzte ich im zweiten Jahr zusätzlich noch mal die Kurse des ersten Jahres komplett mit. Ich lernte Pünktlichkeit fürs Leben, dass man nicht eine Sekunde zu spät erscheinen darf. Und vor allem, dass die Konkurrenz niemals schläft.

Mein erstes Geld

Ohne Internet mussten wir damals etwas anders vorgehen. Ich organisierte mir ein Fotoshooting, bastelte meine erste eigene Sedcard – so nennt man in der Branche die Bewerbungsunterlagen – und drehte selbst ein Castingvideo. Einmal stieß ich per Zufall auf eine Zeitschrift, in der alle möglichen Agenturen aufgelistet waren, die für Werbungen Castings veranstalteten. Ich schrieb alle an und ging zu vielen Castings.

Wow, das war es also, das echte Leben, und ich mittendrin.

Und bähm – mein erster bezahlter Job. Juhuuuu!! Ein Werbespot für McDonald's. Puh, gut dass es das Jahr war, bevor ich Vegetarierin wurde. Letztlich musste ich nur in eine Apfeltasche beißen, aber man weiß ja nie. Das total Verrückte war, der Spot wurde in Barcelona gedreht. Was war ich stolz, und das Honorar war ganz schön hoch, vor allem für ein 18-jähriges Mädchen. Das Geld floss dann in mein erstes eigenes Auto.

»Du darfst endlich zu deinem Freund nach Berlin ziehen«

Meine erste Rolle bekam ich an einem kleinen Hamburger Musical-theater in dem Stück »Jailhouse«. Eine Rock-'n'-Roll-Revue mit Songs aus den 60er-Jahren. Ich weiß noch genau, wie ich den Song »Teenager in Love« auf der Bühne vorsang. Es war direkt eine Hauptrolle, und so spielte ich parallel während meines Abschlussjahrs Abend für Abend ein Jahr lang die Paula.

Natürlich war ich superglücklich, aber ich lernte auch gleich die Schattenseiten kennen. Neid, Konkurrenz, übermäßigen Ehrgeiz, Profilneurosen. Für mich als 18-Jährige war das alles neu. Es gab Momente, da wollte ich am liebsten alles hinschmeißen. Doch ich riss mich zusammen und lernte in diesem Jahr, was es heißt, für seinen Traum etwas durchzuziehen.

Das Jahr, und somit meine Ausbildung und mein Engagement am Theater, ging dem Ende zu. An der Stage School waren wir über die Schule in einer Agentur registriert, die uns immer wieder zu Castings und Auditions schickte.

Und dann kam *das* Casting. Für eine Gastrolle in der Serie »Gute Zeiten, schlechte Zeiten«. Oh my God, *GZSZ*, das musste ein Traum sein! Ich liebte die Serie. Meine Freundinnen waren völlig aus dem Häuschen. Total aufgeregt ging es nach Berlin, besser gesagt nach Potsdam. Ich sprach für die Rolle der Verena

Koch vor, der Zicke mit Herz. Ich erzählte im Zuge dessen, dass ich unbedingt nach Berlin wollte, um endlich mit meinem Freund zusammenzuziehen.

Wieder zu Hause, hieß es dann warten. Ich erinnere mich genau, wie mein knallgrünes Swatch-Telefon in Hamburg klingelte und ich schreiend durch die Wohnung lief. Die Casterin sagte nur: »Du hast die Rolle, oder sollen wir besser sagen: Du darfst endlich zu deinem Freund nach Berlin ziehen.«

An Silvester spielte ich die letzte Show am Theater, und zwei Tage später fuhr ich nach Berlin. Meine Reise bei *GZSZ* ging los. Ich muss euch wohl nicht sagen, wie krass das alles war. Bei einer täglichen Serie einzusteigen bedeutet nicht nur von jetzt auf gleich 'n Arsch voll Arbeit, sondern auch plötzliche Bekanntheit. Okay, zugegeben, den Part fand ich ziemlich cool.

Ich erinnere mich, wie mir das zum ersten Mal bewusst wurde. Jakob und ich waren im Warner Brothers Movie Park in Bottrop, als ich plötzlich keine drei Meter laufen konnte, ohne permanent angesprochen zu werden. Wir sind dann, ohne Spaß, in einen Shop gegangen und haben für mich eine Cap und Sonnenbrille gekauft. Ich fühlte mich wie ein Rockstar.

Drei Monate gingen schnell vorüber, und die Gastrollenzeit war vorbei. Keine zwei Monate später kam der Anruf von der *GZSZ*-Produktion. Meine Figur Verena Koch war beim Publikum so gut angekommen, dass sie daraus gerne eine Hauptrolle machen wollten. Okay, meine Lieben, ich war angekommen!

Nur noch
»Gute Zeiten«

Ja, ich kann mich nicht beschweren, ab diesem Moment ging es steil nach oben. Allerdings ist einem das selbst gar nicht so bewusst, wenn man mittendrin steckt im Hamsterrad.

Du kennst das sicher auch: Ein Ziel erreicht, und schon ist das nächste im Visier. Wenn wir uns nie mal einen kleinen Moment zurücklehnen und wirklich wahrnehmen, was um uns herum eigentlich passiert, können wir niemals *wirklich* glücklich sein. Irgendwie spürte ich schon, dass sich alles toll entwickelte, aber gleichzeitig wollte ich auch ständig mehr.

> Jakob sagt immer:
> *Heute sagst du immer, wie toll alles bei GZSZ war, aber damals musste ich dich ständig daran erinnern, dein Glück wirklich wahrzunehmen.*

Und das stimmt. Natürlich haben sich mir durch *GZSZ* superviele Türen geöffnet. Aber gleichzeitig konnte ich genauso viele Dinge nicht machen, wie Hauptrollen in Filmen spielen. Eine tägliche Serie ist ein Fulltime-Job. Dass ich überhaupt so viele Dinge parallel dazu gemacht habe, ging nur, weil ich ein völlig verrückter Workaholic war. Es gab Phasen, da wusste ich nicht, welcher Tag es war und in welcher Stadt ich mich gerade befand.

In dieser Zeit, noch weit vor Social Media, war alles in Bewegung. Wir hatten tausend Fotoshootings für diverse Magazine und natürlich für die *GZSZ*-Magazine. Kistenweise Titelmagazine mit mir vorne drauf liegen immer noch bei meinem Papa im Schrank. Verschiedene Drehs für Kooperationen, fast jedes Wochenende Autogrammstunden in verschiedenen Städten. Außerdem fing ich daneben an, immer wieder mal als Moderatorin zu arbeiten. Es war die Zeit der Musikshows, »Top of the Pops«, »Bravo Super Show«, »The Dome«, »Comet« und natürlich die Verleihung des Echo-Preises. Dazu kamen Comedy- und Spielshows sowie Gastrollen in anderen Serien.

2007 dann »Let's Dance«, das war definitiv eins meiner Highlights. Das ganze Training parallel zur täglichen Serie war superextrem, ich habe ohne zu übertreiben drei Monate nicht auf meinem Sofa gesessen. Drehen, Training, essen, schlafen. Aber ich habe es geliebt. Und dann der Sieg, »Dancing Star 2007«. Die Videos gucke ich noch heute so gern. Ich erinnere mich noch an das Finale. Da sagte die tolle Kostümdesignerin Katja Convent zu mir: »Was möchtest du zu deinem Finaltanz tragen?« Und ich sagte nur: »So kurz und knapp wie möglich, so schlank und durchtrainiert werde ich doch nie wieder sein.«

2008 wurde ich erstmals als beste Schauspielerin für den Comedypreis nominiert. Es war für die Sketch-Comedy »Wunderbar«, mit der damals noch nicht so bekannten fantastischen Carolin Kebekus. Damals hab ich immer gesagt: »Also wenn aus ihr nicht die neue Queen am Comedyhimmel wird, fresse ich einen Besen.« Wie schön, dass es dann auch genau so passiert ist, ich finde sie wirklich so unfassbar lustig.

Ich will dich nicht weiterhin mit meiner Vita behelligen, dafür kannst du ja Wikipedia anklicken. Tatsächlich ist es aber total gesund, sich auch mal aufzuschreiben oder vor Augen zu halten, was man schon alles geleistet und geschafft hat. Nicht nur beruflich! Mir geht es ganz genauso im Hinblick aufs Private. Denn beim Schreiben dieser Zeilen wurde mir bewusst, wie aufregend mein Leben war und immer noch ist, nur eben anders. Natürlich ist heute nicht mehr so viel los, und definitiv weiß ich an jedem Tag, in welcher Stadt ich aufwache. Aber trotzdem passieren wundervolle Dinge. Gut, es gibt Tage, da denke ich, Matthias Schweighöfer oder Til Schweiger könnten ruhig mal anrufen und mir 'ne coole Rolle in ihrem neuen Film anbieten. Aber sobald ich mein Glück nicht mehr von Riesenereignissen abhängig mache, aufhöre zu vergleichen und die kleinen Wunder wieder wahrnehme, ist das Glück immer da. Denn nicht umsonst heißt es: »Glück ist wie ein Schmetterling. Wenn wir es jagen, vermögen wir es nie zu fangen, aber wenn wir innehalten, dann lässt es sich auf uns nieder.«

An jedem Tag mindestens ein Wunder

Probier es doch selbst mal aus. Ein tolles Buch, das ich dir dazu ans Herz legen möchte, ist *Das 6-Minuten-Tagebuch*. In dieses Buch schreibst du jeden Tag drei Minuten am Morgen und drei Minuten am Abend etwas rein. Du beantwortest immer wieder die gleichen Fragen. Dadurch bekommst du ein Bewusstsein für Erfolgserlebnisse. Es können noch so kleine Dinge sein, zum Beispiel: es geschafft zu haben, etwas zu lesen, Dinge auszusortieren, in einem Streit ruhig geblieben zu sein, genug Wasser getrunken oder heute noch damit angefangen zu haben, kleine Wunder in ein Buch zu schreiben ... Das alles sind doch kleine Wunder.

Dazu schreibst du auf, wofür du dankbar bist. Anfangs denkt man lange darüber nach, weil man glaubt, es müsste etwas Besonderes sein. Aber auch hier geht es um die vielen wundervollen kleinen Momente. Die Sonne scheint, du bist gesund, hast einen Parkplatz bekommen …

Schreiben ist dafür in jedem Fall ein tolles Tool. Es ist das eine, nur an die kleinen Wunder zu denken, aber es hat eine viel größere Wirkung, sich diese paar Minuten zu nehmen und sie aufzuschreiben. Im Grunde reicht auch ein einfacher Kalender oder ein Blatt Papier …

Ein Dankeschön
von meinem inneren Kind

Mir persönlich bringt es wirklich viel, auf diese Weise an mir selbst zu arbeiten. Keine Sorge, ich habe nicht die Absicht zu missionieren, und es ist sowieso klar, dass unterschiedliche Dinge für unterschiedliche Menschen funktionieren.

Relativ am Anfang meiner Reise der Persönlichkeitsentwicklung – es war die Zeit, als ich mich an meinem Tiefpunkt befand – habe ich eine wunderschöne Meditation gemacht. Das ganze Thema Meditation war mir noch sehr fremd, aber ich war neugierig und gespannt, was mich da alles erwartete.

Bei dieser Meditation ging es um eine Begegnung mit meinem inneren Kind. Um es an dieser Stelle nur ganz kurz zu erklären: Dein inneres Kind ist dein Herz, dein Grundbedürfnis. Leider entfernen sich viele Menschen im Laufe des Erwachsenwerdens immer mehr von ihrem inneren Kind. Doch es meldet sich immer wieder – es ist dieses Gefühl tief in uns, das uns etwas sagen möchte. Allerdings ist die Stimme im Kopf (der Verstand) meist lauter. Bei dieser Meditation hatte ich zum ersten Mal das Gefühl, dass eine Meditation in dieser Form für mich wirklich funktioniert hat. Es ist eine mentale Reise, und die Meditation führte mich in meine Kindheit, in mein altes Kinderzimmer. Da stand mein Hochbett, und oben an der Leiter saß ich. Ich war sechs Jahre alt, hatte mein gelbes Lieblingskleid an und lachte über das ganze Gesicht. Vorne fehlten mir die Schneidezähne. Meine lockigen Haare fielen mir offen über die Schultern. Ich stellte mich direkt vor mein jüngeres Ich. Das kleine Mädchen breitete die Arme aus und sprang auf meinen Arm und drückte mich ganz fest. In dem Moment fing ich an zu weinen. Tränen der Rührung liefen mir die Wangen hinab. Alles, was mir das kleine Mädchen dann sagte, sollte ich mir gut merken und anschließend aufschreiben.

Später beim Schreiben musste ich die ganze Zeit lächeln, und trotzdem liefen mir die Tränen herab. Es war so ein wahrhaftiger Moment. Und hier ist die Botschaft der sechsjährigen Susan an ihr älteres Ich:

Liebe Susan,
ich freue mich von Herzen, dass du unseren Wunschweg für uns gegangen bist. Dass du uns alle Träume erfüllt hast und zielstrebig unseren Weg gegangen bist.
Danke, dass du deine Liebe gefunden hast und immer noch mit ihr zusammen bist.
Danke, dass du immer noch so viele Freundinnen hast und so viel Spaß mit ihnen.

Danke, dass du dein inneres Kind noch so sehr lebst.
Danke, dass du verrückt sein, weinen und lachen kannst.
Nur sei bitte nicht so hart zu dir selbst, du musst nichts leisten,
um geliebt zu werden. Du bist wertvoll.
Du darfst loslassen.
Du darfst wieder richtig glücklich sein.
Du darfst wieder vertrauen.
Du bist ein Glücksmagnet!

Rosaroter Denkanstoß

»Ich mach mir die Welt, wie sie mir gefällt.« Wenn dich etwas begeistert, dann lebe es in vollen Zügen.

Mama sein.
DIE REINSTE SORTE VON
ROSAROTEM GLÜCK

Beim Thema Kinder und Erziehung habe ich mich in der Öffentlichkeit immer eher zurückgehalten. Selbstverständlich habe ich dazu eine Meinung, aber zugegeben, das Pflaster ist nicht ohne, und es gibt wahrscheinlich kein anderes Feld, das so viele verschiedene Wahrheiten kennt.

Und das ist ja auch vollkommen normal. Jedes Kind ist anders, genau wie jede Mutter, jedes Land, jede Kultur und jede Geschichte. Meine Freundinnen kennen schon den einen Satz von mir, der gerne in jeder Diskussion aus meinem Mund kommt: »Global gesehen …« Damit möchte ich deutlich machen, dass es eben die *eine* Wahrheit nicht gibt. Gerade mit der Erziehung wird in jedem Land und in jeder Kultur so ganz anders umgegangen.

Ich war selbst nie ein großer Fan von Erziehungsratgebern, Blogs, Foren oder was auch immer. Das ist für mich wie Onlineshopping, die Auswahl ist mir einfach zu groß. Da bleibe ich lieber bei meiner kleinen Boutique um die Ecke, in der ich mich wohlfühle, in der man mich kennt und mich meinen ganz persönlichen Bedürfnissen entsprechend berät.

Meine Schwangerschaften waren beide wundervoll, und dafür bin ich von Herzen dankbar. Denn ich weiß, dass das keine Selbstverständlichkeit ist. Ich war bis zum letzten Tag topfit, hab bis in den achten Monat voll gearbeitet, Sport gemacht und auf Partys hohe Schuhe getragen. Ich fühlte mich nie schöner als mit diesem Bauch. Zum allerersten Mal hörte ich auf meinen Körper. Ich aß, wenn ich Hunger hatte, und hörte auf, wenn ich satt war. Das war für mich ein Riesensprung. Ernährung, Körpergefühl und Wohlfühlgewicht – diese Fragen haben sich durch meine Schwangerschaften gravierend verändert. Ich war beeindruckt, wie sehr ich auf einmal mit meinem Körper verbunden war.

Plötzlich kein Diätwahnsinn mehr

Achtung, hier kommt jetzt zwischendurch ein kleiner Exkurs zum Thema Figur und persönliches Wohlfühlgewicht.

Was für ein großes Thema! So groß, dass es ganze Abteilungen an Büchern nur darüber gibt. Wenn ich mal kurz ein bisschen mehr darüber nachdenke, finde ich es unfassbar traurig. Man spricht davon, dass sich 98 Prozent aller Frauen in ihrem Körper nicht wohlfühlen. Das ist doch verrückt!!! Sogar diese eine schlanke Freundin, die jede von uns hat und die essen kann, was sie will – sogar die hat was zu meckern. Und wenn wir uns mal vor Augen halten, wie viele Gedanken und Sorgen pro Tag allein in dieses Thema fließen … Stell dir vor, das wäre weg – wie viel Platz und Kapazität wären dann frei für neue Gedanken, Ideen und Spaß! Ich habe es selbst erlebt.

Vorweg muss ich sagen, ich war nie dick. Aber ich gehörte auch nicht zu diesen ganz dünnen Mädchen. Schon als kleines Kind hatte ich Pausbäckchen, und spätestens im Ballettunterricht fiel mir ein Unterschied auf. In meiner Musicalausbildung hat sich das unterbewusst natürlich verstärkt. Als Teenager hatte ich schon früh Brüste; in der sechsten Klasse hörte ich schon öfter mal: »Susan mit dem großen Busen.« Was soll's, der passte gut zu meinem Hintern, meiner langen blonden Mähne und meinen vollen Lippen.

Da hatte ich schon viel mit Vorurteilen zu kämpfen. »Barbie« als Spitzname und ein Poesiealbum, in dem die Einträge immer mit den gleichen Worten begannen: »Als ich dich das erste Mal sah, dachte ich, du bist arrogant und eingebildet, aber jetzt, wo wir uns kennengelernt haben, hab ich gelernt, dass man Menschen nicht nach ihrem Äußeren beurteilen darf …« Ohne Spaß, dieser Text steht auf jeder Seite. Rückblickend gesehen eigentlich ganz cool, da hab ich als Teenager schon ordentlich im Bereich »Vorurteile« aufgeräumt, ohne es zu wissen.

Puh, zum Glück gab es damals noch kein Instagram. Ich stelle mir das wahnsinnig schwierig vor, dem als Teenager ausgesetzt zu sein. Gerade als Mädchen. An dieser Stelle ein großes Stück Extrarespekt an alle Mädchen-Mamas. Ich glaube, da kann man gar nicht früh genug damit anfangen, eine Riesenportion Selbstbewusstsein zu pflanzen. Was damals die Zeitschriften waren, ist heute nun mal das Internet. Da müssen wir alle durch.

Nun gut, zurück zu meiner weiblichen Figur. Als ich mit Anfang 20 anfing, bei *GZSZ* zu arbeiten, habe ich zum ersten Mal erlebt, dass das Fernsehen dick macht. Man spricht von fünf Kilo extra. Vielleicht hast du auf der Straße mal jemanden aus dem Fernsehen getroffen. Meistens denkt man dann, derjenige sei in der Realität ja viel kleiner, schlanker oder zarter. Bei mir lauteten die Standardsätze: »Du siehst aus wie die aus *GZSZ*, nur dünner« oder »Bist du die kleine Schwester von der, die Verena spielt?«.

Ich war die ganzen zehn Jahre bei *GZSZ* gefühlsmäßig hin- und hergerissen. Auf der einen Seite wollte ich ein Vorbild sein, mich nicht anpassen, stolz auf meine Kurven sein. Auf der anderen Seite fühlte ich mich nicht immer wohl. Verena, die grundsätzlich sexy und leicht gekleidet war, sehr selbstbewusst und locker auftrat – und dahinter ich, die das transportieren musste.

Also fing ich an, eine Diät nach der anderen zu machen. Diese drei bis fünf Kilo, die müssen runter, dann ist alles gut. Jede Frau kennt es. Ich weiß ehrlich gesagt auch gar nicht, woher diese Zahl kommt, aber aus irgendeinem Grund wollen wir alle diese Kilos loswerden. Ich las zig Ratgeber: Iss die Hälfte, Blutgruppendiät, Shakes, Eiweiß, Low Carb… Mein Bücherregal glich dem von Bridget Jones. Immer wieder hochmotiviert gestartet, den Tag davor noch schnell 'ne Packung Toffifee gekillt, und los ging's.

Ich weiß ja nicht, wie es bei dir ist, aber bei mir hat *nicht eine* Diät funktioniert. Jedenfalls nicht langfristig. Ich aß zu Zeiten, in denen ich keinen Hunger hatte, Gerichte, die mir nicht schmeckten, und mein Fokus war im Prinzip nur aufs Essen gerichtet. Denn jetzt kommt der Haken an der Sache: In dem Moment, in dem du Diät machst, denkst du doch nur noch ans Essen. Zwar an das Nichtessen, aber trotzdem denkst du ans Essen. Es ist ganz logisch. Wenn du immer denkst: »Ich darf nicht krank werden«, wirst du krank. Weil das Unterbewusstsein automatisch das Wort

»krank« speichert. Genau wie bei einer Diät das Wort »essen«. Die Formulierung muss lauten: »Ich bin gesund!« Oder: »Ich bin satt.«

Diäten sind etwas Unnatürliches. Nur, wo ist jetzt die Lösung für das Problem? Bei mir ist es tatsächlich ganz organisch passiert, durch meine Schwangerschaften. Und zwar, indem ich zum allerersten Mal ganz bewusst auf meinen Körper gehört habe. Gedanken wie: »Endlich kann ich essen, was ich will, ich bin ja schwanger« oder »Ich esse ja für zwei« sind jedoch nicht natürlich. Das ist dein Kopf, der dir ein gutes Gewissen verschaffen will, aber es dir hinterher so richtig schwer macht.

Natürlich hatte auch ich Gelüste. Bei mir waren es Weißmehlprodukte wie Nudeln, Milchbrötchen und Toastbrot. Schön mit Nutella drauf. Gesund? Nein. Jedenfalls nicht in rauen Mengen. Aber so war es auch nicht. Ich hab es gegessen, und als ich satt war, hab ich aufgehört.

Ich habe in beiden Schwangerschaften genau neun Kilo zugenommen. Das hätte ich niemals erwartet. Meine Mama war während ihrer Schwangerschaften riesig. Und auch das höre ich wahnsinnig oft von Frauen: »Meine Mama hat so viel zugenommen, das wird bei mir auch so sein, liegt in den Genen.« Ja, es kann in einzelnen Fällen so sein, aber in den meisten Fällen erben wir nicht die Gene, sondern das Essverhalten. Total spannend, das mal zu beobachten und zu hinterfragen.

Gut, ich muss dazu sagen, ich war topfit. Bewegung gehörte bis zum Schluss zu meinem Alltag. Jakob und ich sind sogar noch im achten Monat ein Wochenende mit Freunden nach Paris gefahren, wo wir richtig viel in der Gegend herumgelaufen sind. Das war total witzig, denn immer wenn wir uns in ein Café gesetzt haben, um eine Pause zu machen, und ich meine dicke Jacke

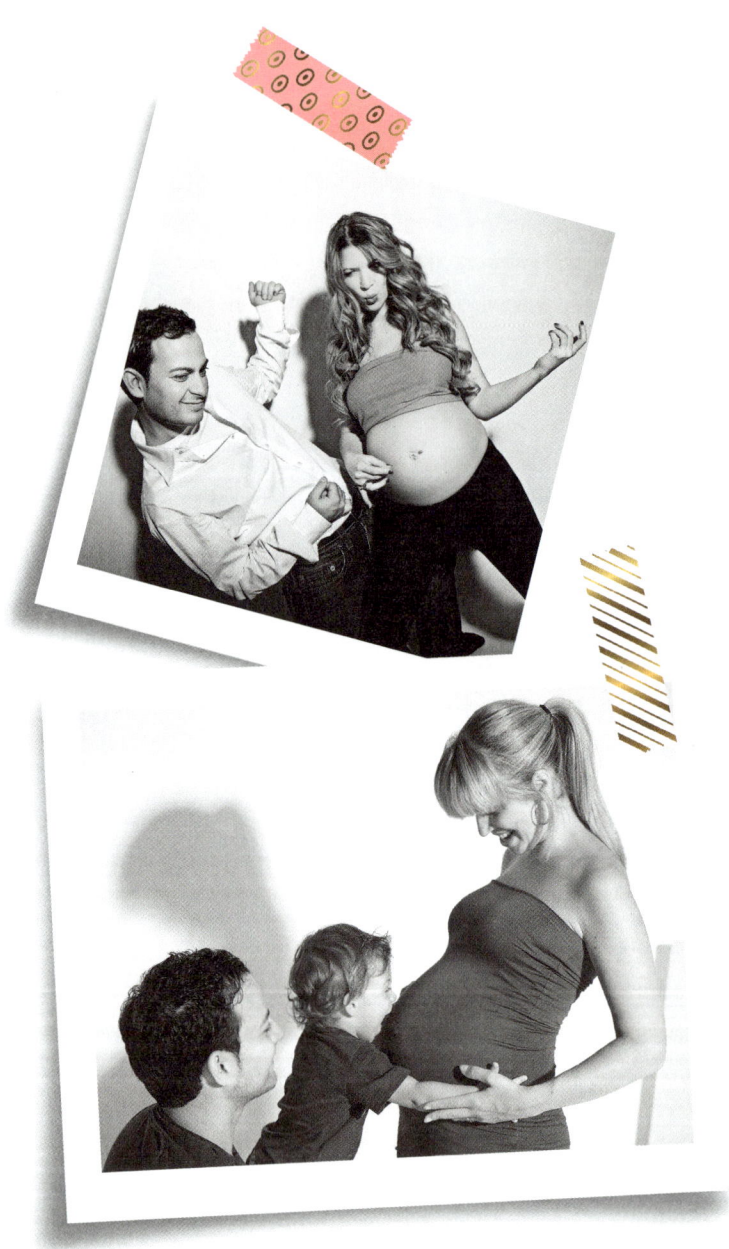

auszog, sagte meine Freundin: »Ach krass, ich vergesse die ganze Zeit immer wieder, dass du schwanger bist.« Selbst mir ging es so.

Letztlich hat sich meine Figur durch die zwei Schwangerschaften verändert. Was das Gewicht betrifft, war es gar nicht viel, wahrscheinlich eben die drei bis fünf Kilo. Plus meine Brüste. Von einem vollen C-Körbchen blieb ein halb volles A-Körbchen. Tja, einen Tod muss man sterben, wie man so sagt, oder? Zwar war ich früher immer stolz auf mein Dekolleté, aber heute bin ich happy mit dem, wie es ist. Ich verrate dir auch, warum. Aber es bleibt unter uns, okay? Ich muss keinen BH mehr tragen. Juuuuuhuuuuu. Freiheit. Gehörst du auch zu den Frauen, die, sobald sie zu Hause sind, als Allererstes, noch vor allem anderen, den BH ausziehen müssen? Dann verstehst du meine Freude.

Aber es ist eher das gesamte Körpergefühl, das sich verändert hat. Das intuitive Essverhalten ist geblieben. Ich bin zum Beispiel kein Frühstücker, also zumindest nicht gleich am Morgen. Sprich, egal wie früh ich aufstehe, vor elf oder zwölf Uhr kann ich gar nichts essen. Also warum sollte ich es tun? Nur weil irgendein Buch sagt: Frühstück ist die wichtigste Mahlzeit des Tages?

Ich denke, das Allerwichtigste ist, dass wir nicht so hart zu uns selbst sind. Essen ist ein Grundbedürfnis, und als das sollten wir es wieder sehen. Ich habe Hunger, also esse ich. Ich bin satt, also höre ich auf. Oft spielen bei diesem Thema auch Glaubenssätze eine Rolle. Sätze wie »Du darfst erst aufstehen, wenn der Teller leer ist« sind mitunter ganz tief in uns verankert.

Ich merke es jetzt als Mama mit eigenen Kindern. Ich möchte, dass sie ein gesundes Verhältnis zum Essen bekommen. Natürlich sollen sie aufessen, da ich ihnen vermitteln möchte, dass wir weniger wegschmeißen wollen. Aber aufessen müssen sie nur, was sie sich selbst auftun. Auch damit erlernt man ein gesundes Verhältnis zur Nahrung. Und wir sprechen darüber, was sie essen und wofür es gut oder eben schlecht ist. Zum Beispiel reden wir darüber, warum ich Vegetarierin bin. Ich möchte, dass meine Kinder selbst irgendwann die Entscheidung dafür oder dagegen treffen, aber dafür müssen sie auch die Wahrheit kennen. Und zu der gehört eben auch, dass das leckere Stück Fleisch auf dem Teller mal ein Tier war.

Funfact: Es hat etwa zehn Jahre gedauert, bis meine russischen Schwiegereltern verstanden haben, dass ich kein Fleisch esse. Ich glaube, das Wort Vegetarier gibt es nicht mal auf Russisch. Ich weiß noch, wie wir alle am Tisch saßen und mein Schwiegervater mir mal wieder Salami anbot. Und ich sagte: »Ich esse doch kein Fleisch.« Daraufhin er: »Ja, aber das ist doch nur Salami.«

Tatsache ist, jeder Körper ist anders, und natürlich gibt es kein Rezept, das für jeden funktioniert. Trotzdem bin ich davon überzeugt, dass auf sein Innerstes zu hören oft mehr Sinn ergibt, als tausend Ratgeber mit zig unterschiedlichen Meinungen zu studieren.

Wie wär's, wenn wir alle weniger Wert auf unser Gewicht legen und dafür wieder mehr Gewicht auf unsere Werte?

Manchmal vergesse ich das Essen über Stunden hinweg, und Freunde sagen dann: »Ach, das wünschte ich mir auch, einmal vergessen zu essen.« Woher kommt das? Unsere Energie geht dahin, wo unsere Aufmerksamkeit hinfließt. Richte deinen Fokus neu aus und gib dem Thema Essen nicht so viel Raum. Denk an deine Energiekapazität und daran, was du damit alles Wunderbares machen könntest. Zusammengefasst würde ich sagen: Fokussiere dich auf andere Dinge.

Und dann beginnt
das Abenteuer

Solange wir schwanger sind, glauben wir, das sei schon die größte Hürde. Wir führen ein Schwangerschaftstagebuch oder nutzen eine App, die uns die tägliche Entwicklung anzeigt.

Wenn die neun Monate dann geschafft sind, geht das echte Abenteuer allerdings erst richtig los. Oder wie ich es nenne: das große Rätselraten. Was nun beginnt, ist das ewige Spekulieren, was dieser kleine Mensch uns sagen möchte, ganz ohne zu sprechen. Und diese Zeit fällt jeder Mama unterschiedlich leicht oder schwer.

Was die ganze Sache so kompliziert macht, sind die Meinungen anderer. Die wissen es aber gar nicht besser, sie spekulieren genau wie wir und sprechen eben aus ihren eigenen Erfahrungen. Was wir deshalb nicht vergessen dürfen: Es spricht ein anderer Typ Mutter, und es geht um einen anderen Typ Baby. Anders gesagt, es könnte funktionieren oder aber auch nicht. Ildyko von Kürthy hat es in ihrem Buch *Neuland* einmal so ausgedrückt: »Als ich arglos mein erstes Baby in die Welt setzte, war ich auf durchwachte Nächte, Mittelohrentzündungen und flüssigen Stuhlgang vorbereitet, aber eine potenzielle Gefahrenquelle hatte ich total unterschätzt: die anderen Mütter.«

By the way, *Neuland* ist kein Erziehungsratgeber. Es steckt voller Witz und Mutmachgeschichten und ist eines meiner Lieblingsbücher. Im Übrigen möchte ich mich von der Kategorie »Mutter, die alles so viel besser weiß« gar nicht ausnehmen. Auch das war ein Prozess, den ich lernen musste. Schließlich gehöre ich grundsätzlich ja schon zur Kategorie »Mensch, der sehr gerne ungefragt anderen Leuten Weisheiten mit auf den Weg gibt«. Und der Grundgedanke dabei ist ja auch kein schlechter: Wir wollen helfen und wünschen uns, dass das, was bei uns so gut funktioniert hat, auch bei anderen funktioniert. Da würde ich nur einen kleinen Tipp mit auf den Weg geben:

Wenn jemand dich um Hilfe bittet – hau raus!
Alles, was du weißt.
Fragt dich niemand – Klappe halten!
Und außerdem gilt:
Richtig ist das, was funktioniert.

Die ganz Aufmerksamen unter euch überlegen gerade … richtig, der letzte Spruch stammt von Jakob und kam schon im Kapitel über die Liebe. Ich sehe da tatsächlich eine große Parallele. Früher hab ich immer gedacht, das, was für mich funktioniert, ist richtig. Stimmt auch, allerdings *für mich*. Natürlich kann es auch bei anderen klappen, aber die müssen eben selbst schauen, es ausprobieren und dann entscheiden.

Ganz stark habe ich das bei zwei Mutti-Freundinnen von mir gemerkt. Beide haben einige Dinge so ganz anders gemacht als ich, und tatsächlich war ich erst mal ziemlich skeptisch. Als ich dann aber gesehen habe, dass alle in der Familie total *fine* damit sind, habe ich aufgehört, es infrage zu stellen. Für sie ist es absolut richtig, weil es für sie funktioniert.

Eine andere Situation ist natürlich gegeben, wenn etwas ganz offensichtlich so gar nicht funktioniert und die Familie leidet und unzufrieden ist. Dann spricht nichts dagegen, mal freundlich nachzufragen, ob man etwas dazu sagen darf. In dem Moment hat deine Freundin die Möglichkeit, selbst zu entscheiden, ob sie einen liebevoll gemeinten Rat hören möchte oder eben nicht.

Dein Kind kommt nicht an erster Stelle

Was meine Schwangerschaft ebenfalls wundervoll gemacht hat, war meine großartige Hebamme. Manchmal sage ich im Spaß sogar, dass ich noch mal schwanger sein möchte, nur damit sie wieder an meiner Seite ist.

Als ich sie zum ersten Mal in einem Café traf, musste ich schon zweimal hinschauen. Eine sehr attraktive blonde, große, schlanke Frau betrat den Laden und stöckelte lächelnd auf mich zu. In diesem Moment wusste ich sofort, dass alles gut werden wird.

Ich liebte ihre direkte und trotzdem liebevolle Art zu sprechen, und sie hat selbst zwei Söhne im gleichen Abstand wie meine. Natürlich wusste ich zu diesem Zeitpunkt noch nichts von meinem Glück, dass ich nach so kurzer Zeit den Weg ein zweites Mal mit ihr gehen würde.

Ich weiß nicht mehr, ob sie mir den Rat während der Schwangerschaft gab oder ob mein kleiner Joel schon da war, aber eines Tages sagte sie mir folgende Worte, die sehr viel verändert haben: »Dein Kind kommt nicht an erster Stelle.« Natürlich schluckte ich und dachte, ich hätte mich verhört. Doch was sie damit meinte, ist Folgendes: Setze dich selbst auf Platz eins, danach deinen Mann und dann dein/e Kind/er. Das hört sich immer noch ungewohnt, etwas seltsam, egoistisch und irgendwie falsch an. Aber ich versuche mal, es zu erklären.

Wenn du stets versuchst, es deinem Kind recht zu machen – und ich spreche hier von Babys –, wirst du immer im Struggle sein. Dein Kind weiß in der Regel noch nicht, was gerade das Richtige ist; das bedeutet, letztlich musst du eine Entscheidung treffen. Dein Mann ist in solchen Situationen meistens auch eher störend, und so entsteht sehr leicht ein Streit. Du bist dann am meisten gestresst. Irgendwie versuchst du, es deinen Kindern doch noch recht zu machen, die aber trotzdem nicht zufrieden sind. Und am Ende haben alle verloren.

Andere Option. Du fragst dich: Was ist gerade das Ziel? Ich denke, wir Eltern sind uns einig, dass wir uns in den meisten Fällen weniger Stress wünschen. Es gibt viele Situationen, in denen du mal ausprobieren kannst, wie es ist, wenn du dich auf dieses Ziel konzentrierst. Zum Beispiel ein Essen mit Freunden zu einer Zeit, in der das Kind eigentlich schlafen soll. Ich kenne viele Mamas, bei denen allein der Gedanke Stress auslöst. »Mein Kind schläft nur in seinem Bett«, »Es darf nicht laut sein«, »Mein Kind muss um Punkt 13 Uhr schlafen«.

Das ist ja alles gut und schön, aber mal ehrlich, funktioniert es immer genau so? Alles ist tagesformabhängig. Natürlich gilt auch hier: *Für jeden das, was funktioniert.* Was ich persönlich schade finde, ist, dass man sich mit solchen Gedanken so unflexibel macht. Ich erlebe häufig, dass die Dinge gar nicht immer so funktionieren und dass sich viele Eltern auf Teufel komm raus irgendwelchen Bedürfnissen ihrer Kinder anpassen, die gar keine echten Bedürfnisse sind. Oft steht dahinter eher die Angst, dass es mal anders ablaufen könnte, und davor möchte man sich schützen. Was aber, wenn es doch klappt?

Frag dich: Was willst *du* gerade erreichen? Triff eine Entscheidung und hol unbedingt deinen Partner mit ins Boot. Es sorgt für so viel mehr Ruhe, wenn Eltern im Team arbeiten (was manchmal gar nicht so leicht ist). Denn was sehen und vor allem was spüren die Kinder? Einheit und Harmonie. Je selbstverständlicher wir an die Dinge herangehen, desto leichter geht es. Natürlich kann es sein, dass Jakob und ich, was das Schlafen angeht, die absoluten Glückspilze waren und sind… Unsere Kinder haben überall geschlafen, weil wir sie von Anfang an immer mit hingenommen haben. Wir wollten essen gehen, im Park sitzen, Freunde einladen. Geräusche und die Umgebung spielten für beide Kinder keine Rolle. Zufall? Wer weiß. Einen Versuch ist es wert.

»Mama, stell dich mal ins Tor, oder wollen wir lieber kämpfen?«

Sind Jungs-Mamas hier? Dann kennt ihr das sicher. Als ich das erste Mal schwanger war – ja, ich gebe es zu –, wünschte ich mir ein Mädchen. Irgendwie hatte ich mir das immer so vorgestellt, vielleicht hab ich mich auch selbst eher als Mädchen-Mama gesehen. Und vielleicht ist das auch völlig normal, weil ich ja ein Mädchen bin. Obwohl – ich kenn auch Mamis, die wollten immer Jungs. Es gibt wohl keine Regel. Na ja, ich gehöre jedenfalls zu den Mädchen-Mädchen, mit Disneyprinzessinnen, so viel Glitzer wie möglich, Feen, Ballett, Tutu, Konfetti und Himmelbett. Das Leben hätte mir wahrscheinlich eine kleine Ronja Räubertochter geschickt, die das alles gar nicht haben will.

Das Leben hat mir also zwei Söhne geschenkt. Und ich könnte nicht glücklicher sein. Beide gesund. Punkt. Natürlich sind sie die Schönsten, Besten, Klügsten und Coolsten. Aber das würde ja jede Mutter an dieser Stelle sagen. Ich habe sie in einem sehr kurzen Abstand voneinander bekommen. Nein, das war nicht so geplant. Als Joel vier Monate alt war, begann ich wieder bei *GZSZ* zu drehen. Zuerst nur dreimal die Woche; eine meiner engsten Freundinnen übernahm den Babysitterjob und begleitete mich ans Set. Ich stillte noch, und ich hatte sie gern in meiner Nähe.

Da es mit Joel ja keine leichte und schnelle Geschichte gewesen war, überhaupt schwanger zu werden, fing ich gar nicht erst an zu verhüten. Jakob und ich hatten einfach beschlossen, das Schicksal entscheiden zu lassen. Zumindest wussten wir, dass wir ein zweites Kind wollten. Allerdings war das Schicksal diesmal etwas flotter, und so war ich mit Liam schwanger, als Joel knapp sieben Monate alt war. Gerade abgestillt, riesengroß meinen 30. Geburtstag gefeiert und einmal ordentlich getrunken. Schwups, ging alles wieder von vorne los.

Viele fragen, ob ich es bereue, ob es zu schnell hintereinander war. Weißt du was? Auch darauf gibt es keine echte Antwort. Ich denke, die Gegebenheiten sind immer richtig. Wir kennen es ja nicht anders, also haben wir auch keinen Vergleich. Natürlich war es anstrengend. Zwei Babys mit je ihren eigenen Bedürfnissen … Aber es gab auch so unendlich viel Liebe.

Meine Jungs sind sehr unterschiedlich, das finde ich immer wieder faszinierend. So nah und gleich aufzuwachsen und sich doch so verschieden zu entwickeln. Zwei richtige Jungs, mit ständigem Drang nach Bewegung. »Mama, stell dich mal ins Tor, oder wollen wir lieber kämpfen?« Bei uns ist immer Action. Einer ist der Typ »Harte Schale, weicher Kern« und der andere genau umgekehrt. Natürlich provozieren sie sich gegenseitig, und es gibt kleine Streitereien. Aber was absolut überwiegt, ist ihre Liebe zueinander. Und das zu sehen ist das Schönste. Niemals würde einer etwas für sich kaufen, ohne dem anderen etwas mitzubringen. Oder wenn einer von ihnen Ärger bekommt, steht der andere ganz dicht hinter seinem Bruder. In diesem Jahr wollte der Große zum ersten Mal getrennte Zimmer, aber schon nach einer Nacht musste alles wieder zurück und die Betten wieder nebeneinandergestellt werden. Am nächsten Abend ist unser Kleiner schon etwas früher schlafen gegangen, und als der Große mit mir ins Zimmer kam, gab er seinem schlafenden Bruder einen Kuss und deckte ihn zu. Mir kamen bei dem Anblick vor Rührung die Tränen …

Trotz aller Unterschiede gibt es also große Ähnlichkeiten. Das betrifft auch das Thema Freundschaften. Empathie ist beiden im Blut. Wenn sie stürzen, weinen sie kaum, aber gibt es Ungerechtigkeiten, dann ist der Schmerz riesig. Ihnen ist Harmonie im Freundeskreis total wichtig, und sie sind beide gut im Vermitteln. (Von wem haben sie das nur???)

Viele sagen nach der Geburt ihres ersten Babys, dass sie jetzt erst wissen, was wahre Liebe ist, und sich nicht vorstellen können, einen anderen Menschen so sehr zu lieben. Genau das dachte ich auch. Natürlich liebe ich meinen Mann, meine Eltern und meine Freunde über alles. Aber ein Kind sprengte meinen Rahmen.

Dann war ich plötzlich schwanger mit Liam, und ich fragte mich wirklich, ob ich dieses zweite Kind genau so lieben würde wie das erste. Es ist einfach sehr schwer vorstellbar. Heute weiß ich natürlich, dass es geht und dass genug Liebe für mehr als ein Kind da ist. Ich sage immer: »Der erste ist mein Wunder und der zweite mein Geschenk.«

> *Flieg einfach vorbei am zweiten Stern rechts,*
> *und dann immer geradeaus*
> *bis zur Morgendämmerung.*
>
> *Peter Pan*

Das Schönste an der Kindheit ist doch die Fantasie, oder? Den Möglichkeiten sind keine Grenzen gesetzt. Wir können Prinzessin sein oder ins Weltall fliegen, Actionheld sein und das Spielzeug zum Leben erwecken. Da der kindliche Anteil in mir sehr groß ist, zelebriere ich das auch wahnsinnig gerne mit meinen Kindern.

Eines Abends brachte ich meine Jungs ins Bett, nach langem Kuscheln gab ich jedem von ihnen einen Gutenachtkuss und sagte verheißungsvoll: »Jetzt schlaft schön schnell ein, träumt was Schönes, und morgen kommt der Nikolaus.«

Mein Großer sagte: »Mama, jetzt hör auf. Wir wissen längst, dass es keinen Nikolaus gibt, keinen Weihnachtsmann und keine Zahnfee. Du legst die Süßigkeiten in den Schuh.«

Puh, darauf legte ich mich noch mal zu ihnen und sagte: »Also, wisst ihr, es ist ganz einfach, nur wer an Wunder glaubt, dem passieren auch Wunder.«

Wieder mein Großer. »Mama, wir sind schon zu alt.«

Und ich: »Zu alt für Wunder??? Wisst ihr, Kinder, ich glaube, dafür werden wir niemals zu alt. Ich will nie zu alt sein, um an Wunder zu glauben. Wenn wir aber vor ihnen die Augen verschließen und nicht mehr daran glauben, passieren uns auch keine!«

Mein Kleiner sagte: »Ich glaube, die Zahnfee gibt es, sie hat immer die gleichen Glitzerspuren hinterlassen.«

»Ganz genau«, sagte ich.

Mein Großer dachte kurz nach und sagte (vielleicht auch nur, um seinem kleinen Bruder einen Gefallen zu tun): »Na gut, dann lass uns jetzt schnell schlafen.«

Ich wünsche mir, dass die Fantasie meiner Kinder unendlich ist. Ich ertappe mich noch heute dabei, wenn ich *Peter Pan* schaue und die Szene kommt, in der Tinkerbell fast stirbt und alle laut sagen sollen: »Ich glaube an Feen, ganz fest« – dass ich dann ganz laut mitrufe. Ich glaube tatsächlich, dass unsere Welt mit Träumen, Fantasie und etwas Magie eine bessere ist – und ja, auch mit Feenstaub, dem Nikolaus und dem Weihnachtsmann!

Ein, zwei Jahre bevor ich das erste Mal schwanger wurde, waren Jakob und ich mit einer großen Freundesgruppe im Skiurlaub. Ich erinnere mich an einen Abend. Wir saßen in einer Hütte, hatten lecker gegessen und sprachen darüber, was wir später wohl für Eltern sein würden. Bei uns sagten alle, dass wir wahrscheinlich immer verkleidet sein und als Disneyhelden durchs Haus rennen würden. Dass unsere Kinder irgendwann sagen würden: »Mama, hör auf, du bist doch kein Kind mehr.« Sie hatten wohl recht…

Sowohl das Verkleiden als auch viel Raum für Gespräche über Wünsche und Träume gehören in unsere vier Wände. Rückblickend ist es genau das, was auch mich als Kind geprägt und vor allem gestärkt hat für die Zukunft.

Doch immer wieder höre ich in meinem Umfeld auch genau das Gegenteilige: »Wir müssen unseren Kindern die Flausen aus dem Kopf treiben«, »Das Leben ist kein Ponyhof«, »Werd mal erwachsen« oder »Das ist nun echt kein Grund zum Heulen, du bist doch schon acht«. In solchen Situationen vergessen wir, dass sie noch Kinder sind, dass ihre kleine Welt ganz andere Prioritäten hat. Und dass diese Zeit nie wiederkommt. Deshalb müssen sie ihre Kindheit richtig ausleben, dafür ist sie doch da, oder?

Erwachsen werden wir von ganz allein. Aber auch glücklich?

»Mama, wir sind Glücksis!«

Glückliche Kinder, die wünschen wir uns alle. Manchmal ist das gar nicht so leicht …, in einer Zeit wie heute, in der alles schneller, digitaler und fantasieloser wird. Immer mehr Druck, mehr Anspruch! Zumindest kommt es mir so vor, und oft fühle ich genau diesen Druck und lasse mich davon anstecken. Die Kinder müssen dies, die Kinder müssen das … Unbedingt ein Instrument spielen, in den Sportverein, viele Freunde haben, zwei Fremdsprachen lernen und *natürlich* noch gut in der Schule sein! Schließlich sollen ihnen doch alle Türen offen stehen!

Aber was passiert eigentlich bis dahin? Zehn verschiedene Kurse, Angst vor schlechten Noten und vielleicht auch einfach nur die Angst, nicht genug zu sein? Frustrierte Kinder und noch frustriertere Eltern! »Was willst du später einmal werden?« – Impliziert die Frage nicht, dass man *jetzt* noch nichts ist?

Ich finde mich oft selbst in dieser Spirale wieder und weiß dann nicht, was richtig oder falsch ist. Aber gibt es das überhaupt? Jeder betrachtet die Dinge aus einer anderen Perspektive. Du siehst sie aufgrund deiner Erfahrung und deiner Erziehung; du trägst deine ganz eigene Brille. Ich kann nur sagen, was ich für mich rausgefunden habe: grundsätzlich ein gesundes Mittelmaß, wie bei allen Dingen. Und: Weniger ist mehr! Weniger Druck und weniger Stress führen zu mehr Freude!

Denn werden durch den ganzen Druck wirklich mehr Türen geöffnet oder nicht eher verschlossen? Ich glaube: *Glückliche Momente* – und zwar viele davon – öffnen Türen! Ebenso ein gesundes Selbstbewusstsein und Selbstwertgefühl. Das wächst, wenn wir unsere Kinder in den Dingen bestärken, die sie schon können oder für die sie ein Interesse entwickeln. Es kommt von bedingungsloser Liebe. Dass sie wissen, dass sie genug sind, so wie sie sind. Dass ihnen alle Türen offenstehen, wenn sie an ihre Ziele glauben und an ihnen arbeiten.

Und Zeit ist wichtig. Dass wir schöne Zeit miteinander verbringen und schöne Erinnerungen für unsere Kinder schaffen. Viele kleine Glücksmomente. Denn ich glaube ganz fest daran – aus glücklichen Kindern werden glückliche Erwachsene. An dieser Stelle danke ich meinen Eltern. Die immer an meine Träume geglaubt und mit mir gemeinsam Luftschlösser gebaut haben.

Und plötzlich Schule!
Die Kitazeit war leichter

Als meine Kinder noch kleiner waren, hat man mir oft gesagt: »Kleine Kinder – kleine Sorgen, große Kinder – große Sorgen.« Ehrlich gesagt, habe ich das nie geglaubt, sondern hatte eher die Vorstellung, dass es mit der Zeit doch leichter wird. Kann es schwieriger werden als am Anfang mit den schlaflosen Nächten??? Schwieriger, als auf jeden Schritt aufzupassen? Schwieriger, als jedes Weinen zu analysieren, weil das Kind noch nicht sagen kann, was los ist? Nein, das konnte ich mir beim besten Willen nicht vorstellen. Ich freute mich total auf den Moment, mich endlich mit ihnen unterhalten zu können. Was ich bei der Vorstellung allerdings total außer Acht ließ: Mein Kind versteht zwar jetzt genau, was ich von ihm will, aber es ist auch in der Lage zu antworten, und das macht die ganze Sache so gar nicht leichter.

Ich würde heute trotzdem nicht sagen, dass es viel schwieriger wird, es ist einfach nur anders. Und immer wieder neu, und das ist die Herausforderung. Dann kommt der erste Schultag, alles ist aufregend, die Kinder freuen sich, und wir Eltern sind stolz ohne Ende. Mit einem lachenden und einem weinenden Auge stehen wir bei der Einschulung da. Die absolut unbeschwerte Kindheit ist nun vorbei. Das wissen wir allerdings erst, wenn es dann wirklich losgegangen ist. Ich weiß nicht, wie es bei dir ist, aber die Tatsache, dass die Schule um Punkt acht Uhr losgeht, hat mir von einem Tag auf den anderen den Ernst der Lage klargemacht. Nun gut, man gewöhnt sich an alles.

Heute sind meine Jungs in der vierten und fünften Klasse. Sie fühlen sich wohl, haben viele Freunde und gehen ganz gerne in die Schule. Manches mögen sie mehr und manches weniger. Ganz normal eben. Trotzdem erhöht sich der Druck, je älter sie werden. Ich gehöre eigentlich nicht zu den Müttern, die sich da so verrückt machen, gebe aber zu, dass die Sache nicht komplett an mir vorbeigeht. Etwa wenn auf dem Spielplatz wieder darüber gesprochen wird, welche Sprachen gelernt oder welche spannenden Kurse besucht werden, oder wenn es rein um die Schule geht.

Corona-Homeschooling hat das Thema auf die Spitze getrieben. Plötzlich hatte gefühlt jede Mutter Angst, dass ihr Kind nicht genug macht, nicht genug gefördert wird oder gar als kompletter Versager zurückbleibt. Das ist natürlich übertrieben, aber ein bisschen so war es. Und das Schlimmste war, dass sich der Druck von allen Seiten erhöhte, auch wenn man es eigentlich nicht wollte. Am Ende habe ich mich ständig vor mir selbst erschreckt. Die schreiende Mutter, die keine Geduld mehr hatte und wie eine Verrückte ständig Buchstaben wegradierte: »*Nomen schreibt man groß!!!!*« Meine armen Kinder. Wer ist diese verrückte Furie, und was hat sie mit meiner Mutter gemacht? Ich meine, jetzt mal im Ernst, ein Lehrer würde die Kinder niemals aus diesen Gründen anschreien. Es gab dann den Moment, in dem ich zu mir gesagt habe: »Genug! Ich mach da nicht mehr mit.«

In dieser Zeit sprach ich auch mit Katia Saalfrank. Vielleicht erinnerst du dich noch an ihre Sendung »Die Super Nanny«, vor vielen Jahren bei RTL. Heute kennt man sie eher wegen ihrer großartigen Bücher, ihres Podcasts oder einfach als Familienpsychologin. Ich war damals ein Riesenfan der Sendung. In der Zeit haben wir uns kennengelernt und sind in Kontakt geblieben. Witzigerweise hatten Jakob und ich noch gar keine Kinder, aber wir liebten es, die einzelnen Situationen mit zu analysieren. Und die spannendste Botschaft, die Kernessenz der Sendung ist absolut bei mir hängen geblieben: Die Kinder sind unser Spiegel. Wir und die Umgebung prägen sie, zu jeder Zeit. Wir waren immer total beeindruckt, dass sich Katia in den Familien selten die »Problem«-Kinder vornahm, sondern eher mit den Eltern arbeitete, an den Strukturen und vor allem am Umgang miteinander. Und dadurch veränderte sich das Kind. Entspannte Eltern – entspannte Kinder (zumindest in den meisten Fällen).

Und noch etwas Wichtiges sagte Katia mir während der Corona-Homeschoolingzeit: »Die *Beziehung* darf nicht unter der *Erziehung* leiden.« Das bedeutet, wir dürfen nicht vergessen, dass wir in erster Linie Eltern sind und eben nicht die Lehrer. Wichtiger als alles, was die Kinder lernen, ist, dass wir sie auf diesem Weg begleiten und unterstützen. Wer mehr zu diesen Sichtweisen und Ansätzen wissen möchte, dem empfehle ich das Buch *Kindheit ohne Strafen* von Katia Saalfrank.

Und wenn ich hier schon Bücher empfehle – eins geht noch. Zwar bin ich nicht der größte Fan von Ratgebern zum Thema Kindererziehung, aber den hier finde ich wirklich wertvoll: *Das Geheimnis glücklicher Kinder* von Steve Biddulph. Darin geht es vor allem darum, dass wir Eltern ständig – oft unbewusst – das Unterbewusstsein unserer Kinder füttern. Darum ist es so wichtig, darüber nachzudenken, *was* und vor allem *wie* wir etwas sagen. Und gegebenenfalls sollten wir dies verändern. Auch Biddulph sagt: »Aus glücklichen Kindern werden glückliche Erwachsene.«

Unterschätze nie
das Unterbewusstsein

Ich war kürzlich zum ersten Mal bei einer Hypnose. Ich finde es immer wieder spannend, Neues auszuprobieren, Erfahrungen zu sammeln und meinen Horizont zu erweitern. Aber eigentlich möchte ich gar nicht über die Sitzung an sich sprechen, sondern über etwas, das mir der Hypnotiseur über das Unterbewusstsein erzählt hat. Bis etwa zu unserem siebten Lebensjahr speichern wir alle Informationen, die wir über uns bekommen, in unserem Unterbewusstsein ab. Wenn du zum Beispiel in einem behüteten Umfeld aufwächst mit viel Liebe und Wärme, lautet möglicherweise ein Satz, den du besonders oft gehört hast: »Ich liebe dich.« Ein Kind übersetzt das als: »Ich bin liebenswert.« Aus dem Satz »Das hast du großartig allein gelöst« versteht es: »Ich bin schlau.« Oder es passiert eben genau das Gegenteil. Sind es eher Sätze wie: »Du bist zu dick«, dann macht das Unterbewusstsein des Kindes daraus: »Ich bin hässlich«; »Ständig schmeißt du was um, du Tollpatsch« bedeutet dann »Ich kann sowieso nichts richtig machen«; und aus »Lass es einfach, das schaffst du nicht« wird »Ich bin unfähig«.

Nach dem siebten Lebensjahr bildet sich um diese Informationen herum so etwas wie ein Schutzschild. Das kann man sich konkret folgendermaßen vorstellen: Du bist nun erwachsen, und jemand sagt dir: »Du bist wunderschön.« Als Kind hast du aber immer gehört: »Du bist hässlich.« Das kleine Schutzmännchen im Unterbewusstsein gleicht diese zwei Informationen miteinander ab, registriert den Unterschied und gibt das Signal: »Die Information ist falsch.« Sicher kennst du so eine Situation. Du machst jemandem ein schönes Kompliment, aber die Person kann das nicht annehmen, sondern weist es eher von sich. In solchen Momenten setzt genau dieser Mechanismus ein.

So kann man sich auch gut bestimmte Dynamiken erklären. Warum manche Menschen eben Negatives anziehen wie zum Beispiel einen Partner, der sich grausam verhält, und sie trotzdem bei ihm bleiben. Oft liegt es genau an diesem Abgleich. Der Mensch spürt aus dem Unterbewusstsein heraus, dass da etwas klick macht, und stellt es nicht infrage.

Aber genau das solltest du tun, wenn du dich hier wiedererkennst. Das Ganze unbedingt hinterfragen! Dann kannst du im nächsten Schritt diese Muster auflösen, zum Beispiel in einer Hypnose. Da wir ja in diesem Kapitel über Kinder sprechen, kannst du dieses Wissen nun nutzen, um solche Muster bei deinen Kindern zu verhindern. Achte also unbedingt genau auf deine Formulierungen, um dein Kind von Grund auf, ganz tief drinnen zu stärken.

Stärken stärken

Neulich war ich bei einem wirklich ungemein interessanten Vortrag von den Stärkenexperten, in dem es um das Thema »Stärken stärken« ging. Ich habe wie gebannt zugehört und davon einiges für mich mitgenommen. Es ging darum, dass wir uns zu wenig auf unsere Stärken konzentrieren, sondern eher damit beschäftigt sind, unsere Schwächen auszugleichen.

Ich habe mich direkt angesprochen gefühlt, und zwar in Bezug auf meine Kinder. Mein Großer ist zum Beispiel echt gut in Mathe, aber Deutsch fällt ihm schwer. Was tue ich? Ich lasse ihn ungefähr zu 70 Prozent Deutschübungen machen und nur 30 Prozent Matheübungen. Und wenn es mit den Schulaufgaben insgesamt zu viel wird, lasse ich Mathe einfach weg. Meistens ist er dann echt mies drauf. Eigentlich ziemlich logisch.

Der Ansatz von den Stärkenexperten wäre es, die ganze Sache umzudrehen. Und zwar aus mehreren Gründen. Zum einen aus der folgenden Überlegung heraus: Warum soll mein Sohn alles durchschnittlich können und nicht seine Stärken zu seiner *Stärke* machen? Ehrlich gesagt, hab ich die Angelegenheit so noch nie betrachtet, aber es ergibt eine Menge Sinn.

Der Vortrag fing mit einer Übung an. Wir sollten einen Satz drei Mal hintereinander mit der Hand schreiben, mit der wir eigentlich nicht schreiben. Anschließend wurde gefragt, wie es uns damit ging. Wie haben wir uns gefühlt? Also ich hab mich geärgert, dass ich so langsam war, dass es hässlich aussah, dass es mir richtig schwerfiel und auch echt anstrengend war. Hinterher sollten wir das Gleiche mit der anderen Hand machen und dann unsere Gefühle beschreiben. Ich denke, die Antwort ist klar. Und jetzt stell dir vor, ich würde den Großteil meiner Energie in das Schreiben mit meiner Lieblingshand legen. Mit ziemlicher Wahrscheinlichkeit würde ich eine echte Stärke entwickeln. Etwas, in dem ich sogar besser wäre als viele andere Menschen um mich herum. Was lernen wir daraus?

Also seit ich meinen Ansatz umgedreht habe, merke ich bei meinen Kindern eine komplett andere Motivation beim Lernen. Die Erfolgserlebnisse in ihren Stärken motivieren sie, die anderen Aufgaben auch konzentriert zu machen, und sie freuen sich, dass das Verhältnis nun stimmt. Das bedeutet nicht, die Schwächen zu ignorieren, nur schenken wir ihnen eben nicht *mehr* Beachtung als den Stärken – wie es sonst üblich ist.

Um es noch einmal bildlich zu beschreiben, malten die *Stärkenexperten* einen großen Stern auf und sagten: »Die Zacken sind eure Stärken. Wenn ihr aber immer nur damit beschäftigt seid, die Zwischenräume auszufüllen, werden die Sterne zu Bällen.« Die Zacken, also unsere Stärken, verschwinden irgendwann.

Die Frage bleibt: »Möchtest du ein Stern sein und alle mit deinen Talenten und Stärken überstrahlen, oder willst du ein Ball sein?«

Gestern Baby, heute Schulkind, morgen aus dem Haus

»Es ist nur eine kurze Zeit, in der sie deine Aufmerksamkeit wollen, dann wirst *du* um jedes bisschen Aufmerksamkeit kämpfen.« Ein Zitat aus dem Disneyfilm *Hook*. Peter Pan ist inzwischen erwachsen und erinnert sich nicht daran, dass er einmal Peter Pan war, der Junge, der nicht erwachsen werden wollte. Als Erwachsener ist er nur am Arbeiten und hat keine Zeit für seine Kinder. Es ist seine Frau, die diesen Satz zu ihm sagt, kurz bevor er zurück nach Nimmerland fliegt. Dort findet er zu seiner Fantasie zurück und weiß wieder, was wirklich wichtig ist im Leben.

Mein Papa hat auf unserer Hochzeit eine wunderschöne Rede gehalten, die so treffend beschreibt, wie kurz sich diese Zeit rückblickend anfühlt.

Du bist zu schnell, zu schnell für deinen alten Papa.
Gerade war es noch Dienstag,
der 14.10.1980 um 14.10 Uhr, und du wurdest geboren.
Und dann kam der Mittwoch, und du hast deinen
ersten Zahn bekommen.
Und am Donnerstag hab ich dir das Pausenbrot
für die Schule geschmiert.
Am Freitag hab ich dir die jungfräulichen Tränen
deines ersten Liebeskummers getrocknet.
Gestern in der Pause des Champions-League-Spiels
Real Madrid gegen Bayern München hab ich im
Restaurant deinen ersten Werbespot gezeigt und gesagt:
»Schaut her, das ist meine Tochter!«
Und heute am Sonntag soll ich dich, mein Baby,
diesem wunderbaren Menschen in die Arme geben?
Alles okay, du hast meinen Segen.
Bleibt der Montag. Liebe Susan, lass deinen
Papa bitte einen Tag ruhen.
Und warte mit dem Kinderkriegen bis
Dienstag um 14.10 Uhr.

Mir kommen immer noch die Tränen, wenn ich an diese Rede denke, gerade jetzt, wo ich selbst Kinder habe. Manchmal frage ich mich auch, wo die Zeit geblieben ist: Gestern seid ihr noch hier rumgekrabbelt, und plötzlich fahrt ihr allein zur Schule. Und morgen? Morgen spreche ich auf einer eurer Hochzeiten.

Ich glaube, es ist wichtig, sich diesen Gedanken hin und wieder bewusst zu machen. Vor allem in Momenten, in denen uns alles wichtiger erscheint, als Zeit mit unseren Kindern zu verbringen.

EINE GESCHICHTE

Als der Papa nach einem langen Arbeitstag geschafft nach Hause kommt, rennt ihm sein kleiner Sohn schon entgegen: »Papa, Papa, endlich bist du da, komm, ich will dir was zeigen.« Der Papa ist gestresst und genervt vom Tag und sagt nur: »Ich bin müde, geh in dein Zimmer spielen, und dann ab ins Bett.«

Der Junge geht traurig in sein Zimmer. In seinem Pyjama kommt er etwas später ins Wohnzimmer und fragt: »Papa, wie viel verdienst du bei deiner Arbeit?« Der Papa schaut ihn irritiert an und sagt: »20 Euro die Stunde.« Der Junge fragt: »Papa, kannst du mir 10 Euro leihen?«

Jetzt wird der Papa etwas wütend: »Du siehst doch, dass ich geschafft bin, geh in dein Zimmer und lies noch was.«

Als der Junge traurig abgezogen ist, tut es dem Vater leid. Er geht in das Kinderzimmer, wo der Junge in seinem Bett sitzt und liest. »Hier, mein Junge, hast du 10 Euro.«

Der Junge lächelt und greift unter sein Bett und zieht eine Spardose hervor. Er kippt sie aus, und lauter Münzen fallen raus.

Der Vater sagt: »Du hast doch schon so viel Geld, wieso brauchst du mehr?«

Der Junge erwidert: »Ich hatte nicht genug, aber jetzt passt es.« Er zählt alles zusammen und sagt: »Papa, jetzt hab ich 20 Euro, kann ich eine Stunde von deiner Zeit kaufen?«

An diese Geschichte denken Jakob und ich oft nach einem langen Tag. Und natürlich ist es völlig normal, dass wir geschafft und müde sind und auch gestresst. Dann hilft mir die Geschichte. Denn es ist niemals die Quantität, sondern immer die Qualität!

Den Kindern ist es völlig egal, wie viel Zeit wir mit ihnen verbringen, aber ein paar *echte* Minuten bewirken Wunder, und magische Momente brennen sich für immer in ihrem Gedächtnis ein. Erinnerungen, die mit keinem Geld der Welt zu bezahlen sind.

> Jakob sagt immer:
> *Unbezahlbare Momente*
> *– und doch sind sie kostenlos.*

Das mit der Kontrolle

Wir haben ja schon viel über Vertrauen gesprochen. Vertrauen in das Leben, Vertrauen in sich selbst, Vertrauen in den Partner. Am schwierigsten ist wahrscheinlich das Vertrauen in die Kinder. Und das kann ich zu 100 Prozent verstehen. Meistens ist das Problem gar nicht, dass wir kein Vertrauen in unsere Kinder haben, sondern wir haben kein Vertrauen in das Leben.

Die meisten von uns sind gefühlt mit mehr Vertrauen aufgewachsen. Also meine Generation hatte noch keine Handys, damit fängt ja schon eine Menge an. Wir waren unfassbar viel draußen, oft allein mit Freunden. Und oft höre ich andere sagen: »Ja, damals war alles viel sicherer.« Ist das wahr?

Meine Theorie ist ja, dass alles immer schon gleich war.

ALS ICH FÜNF JAHRE
ALT WAR, SAGTE

meine Mutter

IMMER ZU MIR,
DASS GLÜCK DER
SCHLÜSSEL ZUM
LEBEN SEI. ALS ICH

zur Schule ging,

FRAGTEN SIE MICH,
WAS ICH WERDEN

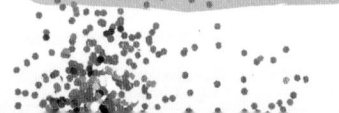

WOLLTE, WENN
ICH GROSS WÄRE.
ICH SCHRIEB:
»*GLÜCKLICH*.« SIE
SAGTEN MIR, DASS ICH
die Aufgabe nicht
VERSTANDEN HÄTTE.
ABER ICH SAGTE
IHNEN, DASS SIE
das Leben nicht
VERSTANDEN HÄTTEN.

Es gab schon damals Gefahren, und es gibt sie heute. Sowohl was den Straßenverkehr betrifft als auch Verrückte, die da draußen in der Gegend herumlaufen. Der große Unterschied besteht vor allem darin, dass wir heute so viel mehr wissen. Durch das Internet und die Medien wissen wir alles. Nicht nur, was in unserer Stadt los ist, nein auf der ganzen Welt. Dadurch haben viele von uns das Gefühl, dass viel mehr passiert.

Fakt ist, wir können unsere Kinder nicht 24 Stunden lang beschützen. Auch wenn wir das gerne würden. Wir müssen sie vorbereiten und dafür stärken, selbstbewusst in die Welt hinauszugehen. Doch oft passiert durch unsere Sorge genau das Gegenteil. Wir übertragen unsere Ängste und geben sie völlig unbewusst an unsere Kinder weiter. Und auch wenn es ganz natürlich ist, dass wir uns Sorgen machen – es geht ja schließlich um unsere Kinder –, ist es wichtig zu schauen, welche Sorgen berechtigt und realistisch sind und welche vollkommen unbewusst aus uns raussprudeln. Mit Letzteren stärken wir weder unsere Kinder, noch machen wir irgendetwas an der Situation sicherer.

Nachrichten trüben sowieso unser Urteilsvermögen. Natürlich möchte ich aufgeklärt sein über die Geschehnisse in der Welt, aber ich weigere mich, mir jeden Tag Schreckensmeldungen durchzulesen. Warum? Weil mein Leben schöner ist ohne! Vielleicht denkst du jetzt, dass ich die Augen vor der Realität verschließe. Da ist sie wieder, die rosarote Brille. Doch ich verschließe meine Augen nicht, ich filtere einfach. Sinnvoll finde ich es zum Beispiel, wenn ich über etwas lese, das mir nicht gefällt, ich aber an der Situation effektiv etwas verändern kann. Zum Beispiel lese ich über unseren Klimawandel, und es ärgert mich.

Nun habe ich zwei Möglichkeiten. Option 1, ich ärgere mich

und tue nichts, weil ich glaube, dass das Problem zu groß ist und ich ja doch nichts daran ändern kann. Oder Option 2, ich ärgere mich und verändere etwas. Kleine Dinge, die in meiner Macht liegen: regional und plastikarm einkaufen, weniger Fleisch essen, den Müll trennen und generell auf den eigenen Konsum achten ... Dadurch bin ich ein gutes Beispiel für meine Kinder und meinen Mikrokosmos. Ich inspiriere mein Umfeld, begeistere damit andere, und schon setzt der Schneeballeffekt ein. Also haben wir mehr Macht, als wir glauben.

Du bist einer von fast acht Milliarden.
Worauf willst du jetzt noch warten?
Was, wenn ich jetzt sage, dass wir alle einen Einfluss haben?
Vielleicht ist er nicht so gigantisch, doch null ist er auch nicht ganz.
Immerhin ist es fantastisch, dass du Einfluss auf dich hast!

Das ist ein Zitat aus dem Buch *Jetzt Baby* der Poetry-Slammerin und Schauspielerin Julia Engelmann, die darin ihre Gedanken so zauberhaft auf den Punkt bringt.

Also lasst uns Einfluss nehmen und unseren Blick durch die rosarote Brille teilen! Mit unserer Umgebung, unserem Mikrokosmos, mit unseren Bekannten, unseren Freunden, unserer Familie *und vor allem mit unseren Kindern.*

Unser Dankbarkeitsritual

Ich liebe Rituale. Ich glaube, das sind die Dinge, an die wir uns erinnern. Das hat natürlich mit der Wiederholung zu tun. Ich meine Rituale wie gemeinsames Frühstücken oder Zubettgeh-Rituale.

Seit einiger Zeit sieht es bei uns so aus: Wir legen uns abends alle zusammen ins Bett und sprechen über den Tag. Als Erstes frage ich unsere Kinder, ob es heute etwas gab, das ihnen nicht gefallen hat, und wieso das so war. Dann schauen wir uns die Situation an und gucken, ob sie nicht doch gut ausgegangen ist oder vielleicht für irgendetwas nützlich war – vielleicht konnte man etwas daraus lernen. Dann sagt jeder, was das Beste am heutigen Tag war und wofür er dankbar ist.

Je nachdem, wie alt die Kinder sind, muss man in die Übung erst mal reinkommen. Aber es ist wie ein Spiel, und wichtig dabei ist, den Kindern Kleinigkeiten vor Augen zu führen oder ihnen Dinge bewusst zu machen, die sie für selbstverständlich halten. Dinge wie: »Heute mussten wir gar nicht lange in der Schlange stehen«, »Cool, dass wir noch Eis im Eisfach hatten bei der Hitze«, »War doch gut, dass wir noch rausgegangen sind, wer hätte gedacht, dass es noch so ein schöner Tag wird«.

Durch dieses Ritual sind meine Kinder viel aufmerksamer geworden. Mein Kleiner sagte letztes Jahr im Urlaub mit einem Mal zu mir: »Mama, wir sind richtige Glücksmenschen.« Und ich schaute ihn an und sagte: »Das stimmt, aber wie kommst du darauf?« »Na ja, eben im Schwimmbad hast du nach Handtüchern gefragt, und obwohl da keine mehr waren, haben wir welche bekommen. Und im Supermarkt haben wir doch Toastbrot gekauft, und du hast noch gesagt, dass du gar keinen Toaster im Zimmer gesehen hast, und dann war doch einer da. Siehst du, Mama, wir sind Glücksis.« Ja, wir sind wirklich »Glücksis«, um es in seinen Worten zu sagen. Wenn wir unseren Kindern öfter zuhören, wird das kleine rosarote Glück übrigens auch viel sichtbarer.

Am Ende unseres Rituals laden wir noch die kleinen Festplatten ordentlich mit positiven Glaubenssätzen auf. Es ist uns als Eltern natürlich ein Bedürfnis, das alles zu sagen, aber mit dem Wissen darum, was wir unseren Kindern damit schenken, ist es gleich noch mal viel wertvoller. Sätze wie: »Du bist ein guter Freund, ein toller Bruder, danke, dass du mir oft hilfst, du kannst alles schaffen, ich glaube an dich, toll, dass du dich das heute getraut hast, du bist ein Geschenk, ich liebe dich.«

All das ist der Grundstein für ein glückliches, mit sich selbst zufriedenes Leben. Und wer das schon von klein auf in sich trägt, entwickelt die Gabe, genau das auch weiterzugeben.

Rosaroter Denkanstoß

Es gibt nicht die eine Wahrheit – richtig ist das, was funktioniert. Aus glücklichen Kindern werden glückliche Erwachsene.

Ohne meine Freundinnen

WÄRE MEIN LEBEN NUR HALB SO SCHÖN

Vorsicht! Dieses Kapitel kann für Männer verstörende Inhalte haben.

In Sachen Freundinnen habe ich das ganz große Los gezogen.

Schon von klein auf hatten sie einen riesigen Stellenwert in meinem Leben.

Ich habe es immer geliebt, bei Freundinnen zu übernachten, und es gab kaum ein Wochenende, an dem nicht eine oder mehrere bei mir übernachtet haben. Ich erinnere mich, wie wir aus meinem Hochbett eine Höhle gebaut haben und Spielzeug für uns lebendig war. Später wurde aus meinem Kinderzimmer eine Disko, und wir haben als Teenager die ersten Hauspartys gefeiert. Flaschendrehen, Wahrheit oder Pflicht, der erste Kuss …

Ich hatte immer diese eine beste Freundin, aber meine Mama sagte mir schon sehr früh: »Mach nicht den Fehler, dich zu stark nur an eine Person zu klammern. Du darfst ruhig mehrere beste

Freundinnen haben.« Das war anfangs für mich etwas schwer zu verstehen in einer Zeit, wo man immer gesagt hat: »meine erstbeste Freundin, meine zweitbeste Freundin« und so weiter.

Aber meine Mama hatte recht. Ich meine, wer will schon gern die zweitbeste oder sogar die drittbeste Freundin sein. Und so waren wir dann meist als Mädelsgang unterwegs. Schöner ist es doch, gleich mehrere »erst«beste Freundinnen zu haben.

Meinen Söhnen erkläre ich es auch schon: »Nicht jeder Freund hat die gleichen Interessen. Mit dem einen kannst du vielleicht besser über Fußball sprechen, mit dem anderen über Mädchen. Das macht den einen aber nicht besser oder schlechter als den anderen, sondern sie sind einfach nur unterschiedlich. Vor allem musst du dich nicht entscheiden. Dein Herz ist groß genug für mehrere Freunde, wenn du das willst.«

Meine *erst*beste Freundin, nein Spaß, meine langjährigste Freundin habe ich nun schon über dreißig Jahre an meiner Seite. Daher würde ich sie vielmehr als meine Schwester bezeichnen. Sie ist so sehr in meine Kindheit und mein Leben involviert, dass es kaum jemanden gibt, der alles so gut verstehen kann wie sie. Trotzdem kamen mit den Jahren immer mehr Zauberwesen dazu.

Lieblingsmenschen

Ich hätte gar nicht gedacht, dass man sogar als erwachsener Mensch noch Freunde fürs Leben findet. Natürlich hat man mit diesen Freunden keine gemeinsame Kindheit, aber es gibt einen anderen gemeinsamen Nenner, der das wieder aufwiegt.

Ich finde, dass ein Freundeskreis auch eine Menge über einen Menschen aussagt. Wenn ich Freunde von meinen Freunden kennenlerne, denke ich grundsätzlich, dass das tolle Menschen sein müssen. Es gibt auch hier Leute, die diese Eigenschaft als gefährlich einschätzen. Etwas belächelnd sagen sie dann: »Ach Susan, für dich sind ja sowieso immer alle nett.«

Und weißt du was? Es stimmt. Für mich sind erst mal alle Menschen nett und eine Bereicherung. Punkt. Es mag naiv sein, aber das Wort »Vorurteile« existiert in meinem Wortschatz nicht. Bevor mir jemand keinen Grund dafür liefert, ihn nicht zu mögen, mag ich diese Person, so einfach ist das.

Und genau aus dem Grund freue ich mich über jede *Begegnung, die ich erleben darf.*

> Freundschaften fangen mit Begegnungen an ...
> irgendwie, irgendwo, irgendwann ...
> und du ahnst nicht, dass diese Menschen
> die wichtigsten in deinem Leben werden.

Ganz besonders freue ich mich, wenn meine Mädels aus unterschiedlichen Kreisen sich kennenlernen und gegenseitig total toll finden. Ich hab es schon immer geliebt, Menschen zusammenzubringen, und manchmal sind daraus wundervolle eigenständige Freundschaften entstanden.

Einmal im Jahr sehen sich fast alle meine Freundinnen, nämlich an meinem Geburtstag. Auf meiner bereits schon legendären Pyjamaparty. Nein, es übernachten nicht alle bei mir (obwohl wir das unbedingt mal versuchen sollten). Vielmehr geht es darum, ganz easy zusammenzukommen, eben ungezwungen im Pyjama. Ich finde das immer so schön, weil man im Restaurant oder in einer Bar nicht so richtig gut miteinander quatschen kann. Zu Hause habe ich stärker das Gefühl, noch mehr Zeit mit jeder einzelnen verbringen zu können.

Ich werde übrigens seit Jahren nur noch 21, das steht auch immer auf meinem Geburtstagskuchen. Wir bestellen Pizza oder Sushi, und es gibt Unmengen von Süßigkeiten. Ich liebe es, vorher alles so zu dekorieren, als wäre es ein Kindergeburtstag. Rosa Ballons, Girlanden und natürlich ganz viel Glitzerkonfetti.

In diesem Jahr fiel mein geliebter Geburtstag erstmalig aus. Eine Riesenparty war geplant, doch das böse C-Wort hat sie mir nicht ermöglicht. Gerettet haben diesen Tag natürlich, wie sollte es anders sein, meine Freundinnen. Der Tag war trotz allem gefüllt mit Liebe. Es erreichten mich Anrufe, Blumen und liebevolle Aufmerksamkeiten. Den restlichen Monat durften wir uns C-Wort-bedingt nur in kleinen Gruppen treffen. Das Schönste daran war – es war jedes Mal wie ein Geburtstag.

Freundschaften
muss man pflegen

Ich habe einen ziemlich großen Freundeskreis, und ich weiß, dass manche sich das gar nicht vorstellen können. Es kann sein, dass es ihnen oberflächlich erscheint. Denkst du das auch? Oder vielleicht hat dich der Satz geprägt: »Echte Freunde muss man an einer Hand abzählen können.« Aber wieso eigentlich? Ist das die Wahrheit? Möglicherweise überfordert dich auch der Gedanke etwas, im Sinne von: »Ich weiß nicht mal, wie ich meine zwei Freundinnen in mein Leben integrieren soll, wie bekommst du das mit weit mehr Leuten hin?«

Wir alle haben viel zu tun und fragen uns oft, wie wir das eigentlich alles schaffen sollen. Irgendetwas kommt immer zu kurz. Sätze wie »Das holen wir nach« oder »Wir müssen uns ganz bald mal treffen« sind schnell gesagt, aber ob darauf etwas folgt, liegt bei uns allein. Und darauf kommt es an. Wie bei allen Dingen müssen wir Entscheidungen treffen und unsere Prioritäten klar setzen. Wenn wir das nicht tun, verschiebt sich das, was wir gerne tun, immer weiter nach hinten oder passiert gar nicht mehr … Jeder hat seine eigenen Prioritäten. Deshalb ist genau jetzt ein guter Moment, diese Prioritäten mal kurz zu überdenken.

The Big Five for Life

Hast du mal von *The Big Five for Life* gehört? Ein tolles Buch von John Strelecky. Eigentlich ist es eher ein businessorientiertes Buch, in dem es darum geht, wie man erfolgreich ein Unternehmen führt. Doch im Grunde geht es um das Leben selbst. Denn du kannst ein Unternehmen nur wirklich erfolgreich führen und dabei noch glücklich und ausgeglichen sein, wenn du deine *Big Five for Life* kennst und nach ihnen lebst. Was also bedeutet das?

Die Big Five sind die fünf Werte, nach denen du lebst. Und je klarer du dir über diese fünf Werte bist und je mehr du nach ihnen lebst, desto glücklicher bist du. Ich versuche, es dir an meinem eigenen Beispiel noch besser zu erklären.

Meine Big Five sind:
- ♥ Familie
- ♥ Reisen
- ♥ meine Kreativität leben
- ♥ mein inneres Kind
- ♥ Freunde

Das bedeutet, je mehr Zeit ich diesen Punkten widme, desto glücklicher bin ich! Eigentlich ziemlich simpel, oder?

Die *Familie* steht ganz oben bei meinen Big Five. Meine Familie ist meine Energiequelle. Mein Halt, mein Sinn, pure, bedingungslose Liebe. Je mehr ich ihr widme, desto mehr Kraft habe ich für alles andere in meinem Leben.

Reisen ist auch definitiv eins meiner Big Five. Neue Orte entdecken, neue Kulturen und Menschen. Kurz raus, Quality Time für mich selbst, mit der Familie oder mit Freunden. Wenn es für Jakob und mich zeitlich oder finanziell in einem Jahr mal schwierig ist mit dem Verreisen, suchen wir uns kleinere Ziele. Auch hier bei uns in Deutschland gibt es so viel zu entdecken. Ein Tagesausflug ist für mich schon Urlaub. Wichtig ist, einfach nach Lösungen zu schauen, um weiterhin seine Big Five ins Leben zu holen.

Unter *meine Kreativität leben* verstehe ich natürlich, meinen Beruf auszuleben. Oder besser gesagt, aus diesem Grund habe ich mein Hobby zu meinem Beruf gemacht. Ich hab dir allerdings schon erzählt, dass es manchmal schwierig ist. Wie eben in allen Berufen, die von der Auftragslage abhängig sind. Es gibt Zeiten, da kommt alles auf einmal, oder eben Zeiten, da passiert überhaupt nichts. Genau in diesen Zeiten ist es für mich total wichtig, meine Kreativität *anders* auszuleben.

Ich habe da für mich das Schreiben entdeckt. Erst nur auf Instagram. Es macht mich glücklich, meine Gedanken dort zu teilen und mit ihnen sogar noch ein paar Menschen zu inspirieren. Ich habe damit eine ganz neue Tür geöffnet, und plötzlich kam das Angebot, ein Buch zu schreiben.

Das ist für mich das beste Zeichen, wenn es einfach läuft. Wenn du deinen innersten Werten, deinen Big Five, folgst, bist du immer auf dem richtigen Weg, und neue Türen öffnen sich von ganz allein. Denn es ist *dein* authentischer Weg!

Doch schauen wir, was passiert, wenn du deine Big Five nicht ausleben kannst oder sie ignorierst. Wenn eines deiner Big Five zum Beispiel »Ruhe« ist, weil du ein Mensch bist, der gern allein ist, und du kreativer arbeitest, wenn dich niemand stört – dann wäre es blöd, wenn du in einem supermodernen Start-up-Loft arbeitest. Mit vielen Menschen um dich herum, wo es laut ist und du immer wieder gezwungen bist, in Kommunikation zu gehen. Natürlich fieberst du dann dem Wochenende entgegen. Endlich allein durch den Wald spazieren! Vielleicht legst du dir die Dinge so zurecht: »Der Job ist anstrengend, aber ich verdiene super, und eigentlich mache ich auch das, was ich kann.« Trotzdem fühlst du dich am Ende des Tages ausgelaugt und irgendwie nicht erfüllt. Ein guter Moment, um innezuhalten.

Jetzt könnte man überlegen, welcher Job vielleicht besser zu deinen Big Five passt. Wenn du den Job auf keinen Fall aufgeben willst, lautet die Frage: Wie kann ich in meiner Freizeit meine Big Five mehr in mein Leben holen? Dann bekommst du den Ausgleich, den du brauchst. Das ist so wichtig! Vielleicht machst du in der Mittagspause einen Spaziergang an der frischen Luft, anstatt dich zu Small Talk in der Küche überreden zu lassen. Du wirst sofort merken, dass die Arbeit dir viel leichter fällt. Es ist *deine* Lebenszeit, und die bekommst du nie wieder zurück. Vorhaben von Sätzen wie: »Das mache ich irgendwann mal« solltest du schnell in ein *Jetzt* umwandeln.

Anderes Beispiel. Vielleicht ist Abenteuer eines deiner Big Five. Früher warst du verrückter. Heute denkst du dir: Ich war ja auch jung, jetzt geht das nicht mehr mit der ganzen Verantwortung.

Aber halt! Verantwortung wem gegenüber? Deinem Partner? Deinen Eltern? Deinen Kindern? Betrachte es doch einmal anders: Ist es diesen Menschen gegenüber nicht sogar ungerecht, wenn du dein Bedürfnis immer unterdrückst? Vielleicht lässt du es manchmal an deinen Liebsten aus, wenn du mal richtig traurig und unausgeglichen bist. Weil dir einfach etwas im Leben fehlt. Denn du spürst ganz klar: Das reicht mir nicht. Irgendetwas fehlt.

Jetzt lautet die Frage: Wie kannst du wieder mehr Abenteuer in dein Leben holen – vielleicht auch gemeinsam mit der Familie? Anstatt den nächsten Strandurlaub zu buchen, weil es ja so bequem ist, plane einen Abenteuerurlaub. Klettern, Segeln, Reiten, Wandern? Oder mach einen Fallschirmsprung, unternimm einen Wochenendtrip mit Freunden, sprich mal wieder jemand völlig fremden an oder färb dir die Haare. Das Abenteuer versteckt sich überall, du musst es dir nur schnappen.

Der nächste Wert auf meiner Big-Five-Liste ist *mein inneres Kind*. Ich habe dir im dritten Kapitel ja schon kurz von diesem Konzept erzählt, wo es um unsere Grundbedürfnisse ging. Aber was meine ich an dieser Stelle damit? Den Spaß im Leben, Authentizität, die Euphorie und Begeisterung für alles Mögliche.

Wenn ich im Musical sitze oder mir einen schönen Film ansehe, bin ich für die zwei Stunden komplett in einer anderen Welt. Jakob schaut dann immer zu mir hin und amüsiert sich darüber, dass ich mit einem riesigen Lächeln im Gesicht das Geschehen im Film verfolge. Du kannst dir sicher vorstellen, was los ist, wenn man mich im Disneyland rauslässt.

> Jakob sagt immer:
> *Dich in diesen Situationen anzuschauen ist fast noch schöner als die Situation selbst.*

Er ist immer total fasziniert davon, wie fasziniert ich von gewissen Dingen bin. Ein leckeres Dessert kann mich ebenfalls in Begeisterung versetzen. Ich drehe vor lauter Geschmacksexplosionen fast durch und zelebriere das total.

Mein inneres Kind lebt sich auch dann aus, wenn ich meine Pyjamapartys feiere oder beim Karaokesingen mit meinen Mädels. »Germany's next Topmodel« (GNTM) gucken gehört auch definitiv dazu. Ich weiß, viele von euch denken sich jetzt: »Ist das ihr Ernst? Sie schreibt ein Buch und befasst sich mit Persönlichkeitsentwicklung und guckt ›Germany's next Topmodel‹??« Jawohl, so ist es. Ich habe seit der ersten Staffel keine Folge verpasst. Ich lege sogar meine Termine so, dass ich donnerstags pünktlich vor dem Fernseher sitzen kann. Ich bin auch ein Fan von Heidi Klum. Oh je, jetzt hab ich ein bisschen Angst, dass du das Buch, das dir bis hierhin ganz gut gefallen hat, zur Seite legst.

Aber so ist es mit der Authentizität. Was soll ich dir vormachen? Egal was man sagt, die einen feiern es, die anderen finden es bescheuert. Auch ein guter Moment, um das mal für sich zu akzeptieren. Wir werden es niemals allen recht machen, und das müssen wir auch nicht. *Sei einfach so, wie du bist.*

Eine witzige Geschichte dazu passierte vor etwa fünf Jahren. Meine Mädels saßen bei mir, und wir guckten GNTM. Es war noch am Anfang der Staffel mit, sehr vielen Teilnehmerinnen. Eine von ihnen war ganz schlimm. Sie hatte rötliche Haare und war total zickig. Sie erzählte, dass sie in Hamburg lebt. Plötzlich sagte ich: »Ach krass, sie kommt aus Hamburg, die muss ich gleich mal googeln, vielleicht sind wir zusammen zur Schule gegangen.« Meine Freundinnen schauten mich alle entgeistert an, und eine sagte dann: »Susan, das Mädchen ist 16 Jahre alt, sie könnte deine Tochter sein. Du bist ganz sicher nicht mit ihr zusammen zur Schule gegangen.« Daraufhin lachten wir uns alle kaputt. Immer wenn wir dann mal draußen spazieren waren und ein kleines Mädchen vorbeikam, sagten sie: »Mit ihr bist du bestimmt auch zusammen zur Schule gegangen.«

Was sagt uns diese Geschichte? Ja, es stimmt, ich denke tatsächlich oft, ich wäre noch ein Teenager. Und weißt du was? Das ist auch völlig in Ordnung so.

Kommen wir also zum letzten meiner Big Five: *Freundschaften.* Sie spielen in meinem Leben eine ganz besondere Rolle. Das war schon immer so. Auch bei Jakob. Wir beide lieben es, viel Zeit mit unseren Freunden zu verbringen. Ob nun jeder mit seiner Crew, ob Quality Time mit einer einzelnen Freundin oder alle zusammen. Essen gehen, ausgehen oder einfach auf einer Bank auf dem Spielplatz chillen. Gemeinsamer Urlaub mit Freunden und Kindern ist eins unserer Highlights im Jahr. Und Playdates am Wochenende für die Kinder arten bei uns sehr oft in einer Riesenversammlung aus, weil wir Eltern auch direkt ein Playdate haben.

Was ich dir hier wirklich ans Herz legen möchte: Es ist so wertvoll, deine Big Five zu kennen. Es gibt sicher viele Methoden, die ein ähnliches Prinzip haben, aber ich mag einfach das Bild, das sie in mir wachrufen. Ich stelle sie mir wie fünf Säulen vor, die mich halten und mir Stabilität und Gleichgewicht im Leben schenken.

Wenn eine Säule schwächelt, dann wackle ich. Ich spüre, dass etwas nicht stimmt. Das Signal sagt mir, dass ich mich kümmern muss, und so schaue ich nach, welche Säule gerade zu kurz kommt. Manchmal sind es nur zehn Minuten für einen Kaffee mit meiner Freundin, und danach stehe ich wieder stabil im Leben. Vielleicht ist das etwas übertrieben formuliert, aber ich denke, du verstehst, worauf ich hinauswill.

Wenn wir die wirklich wichtigen Dinge in unserem Leben nicht pflegen, dann haben wir früher oder später keine Kraft mehr für überhaupt irgendwas. Deine fünf Säulen helfen dir, deinen Energietank aufzufüllen. Mach sie zu deiner Priorität!

Ich liebe dich, weil …

Als Teenager war ich ein Riesenfan von Wahrheit oder Pflicht oder Flaschendrehen. Und bis heute liebe ich Spiele: Tabu, Activity und Brettspiele. Mit unseren Kindern sind die Rollen fast vertauscht. Ich sag dann: »Lasst uns doch was spielen«, aber in Zeiten von Playstation und Co. muss man die Kids ja fast überreden. Zum Glück sind sie immer begeistert, wenn wir 'ne Partie hinter uns haben. Und dann gibt's kein Ende, und jeder will ein Spiel aussuchen.

Mein absolutes Lieblingsspiel ist »Ich liebe dich, weil…«. Da mussten alle meine Freunde schon mal durch. Die einen lieben es, die anderen… na ja. Im Grunde macht es Sinn, dieses Spiel mit Leuten zu spielen, die einem sehr vertraut sind, wobei es auch über den ersten Eindruck funktioniert. Intensiver ist es aber auf jeden Fall im engen Kreis. Bei uns ist es schon oft im totalen Geheule ausgeartet, im positivsten Sinne.

Wie läuft es ab? Man bestimmt eine Person. Diese muss drei Dinge sagen, die sie an sich selbst liebt. Eine äußerliche und zwei innerliche Eigenschaften. Klingt doch eigentlich ganz einfach, oder? Ist aber für die meisten eine richtige Herausforderung. Doch dann geht's erst richtig los. Denn nun geht es einmal im Kreis rum, und jeder sagt ebenfalls drei Dinge, die er an der Person liebt. Dann kommt die nächste Person dran, beginnt wieder mit drei persönlichen Eigenschaften, und dann geht es wieder reihum.

So viel positiven Input muss man erst mal über sich ergehen lassen können. Da wir das alle viel zu selten machen, fällt es uns schwer, damit umzugehen. Natürlich werden wir verlegen, und manchmal müssen wir einfach weinen. Ich finde es immer wieder wunderschön. Auf meiner Pyjamaparty verpacke ich diese Botschaften manchmal in einen persönlichen Toast auf jeden. Es gibt viele Möglichkeiten für ein ehrliches Kompliment.

Wahrscheinlich denkt ihr jetzt, ich würde mit Sentimentalitäten um mich werfen. Das stimmt nicht. Manchmal fällt es mir sogar schwer, aber ich übe es, weil ich es viel öfter machen möchte.

Warte nicht auf den perfekten Moment, nimm den Moment und mach ihn perfekt!

OMG, wir haben ja schon seit mehreren Wochen nicht miteinander gesprochen, oder sind es doch schon Monate?

Manchmal vergeht einfach unheimlich viel Zeit, ohne dass wir es wirklich merken. Plötzlich denken wir an unsere Freunde und rufen sie an. Am schönsten ist es, wenn dann der erste Satz am Telefon lautet: »Es fühlt sich an, als hätten wir erst gestern telefoniert.« Das zeichnet für mich wahre Freundschaft aus.

Kennst du solche Freundschaften? Keine Vorwürfe, keine Erwartungen, kein Aufrechnen, einfach nur Liebe.

Ein paar meiner engsten Freundinnen leben nicht mit mir in einer Stadt. Und es gibt Zeiten, da hören wir uns viel zu lange nicht. Jeden Tag denke ich, ich will sie anrufen, und warte auf den perfekten Moment, um etwas mehr Zeit zu haben. Oder, noch schlimmer: Sie ruft an, und ich gehe nicht ran, weil ich gerade nicht wirklich sprechen kann und mir sage: Lieber rufe ich in einem ruhigen Moment zurück. Rate mal, wann dieser Moment kommt? Genau, gar nicht. Oder eben erst nach Wochen.

Deshalb habe ich mir das abgewöhnt. Weil es diesen perfekten Moment nicht gibt, wenn wir ihn nicht schaffen! Ich hab es mir abgewöhnt, nicht ans Telefon zu gehen oder auf den richtigen Moment zu warten, um meine Freundin mal kurz anzurufen. Tatsächlich sind fünf Minuten zwischendurch besser als nichts. Und dieses ungute Gefühl, das sich nach ein paar Wochen in dir ausbreitet und dir sagt: »Mist, so viel Zeit vergangen, hab schon ein megaschlechtes Gewissen« – dieses Gefühl kommt dann gar nicht erst auf!

Manchmal schaffen wir es trotzdem aus verschiedenen Gründen nicht, und es vergehen Wochen. Dann schieb einfach den Gedanken des schlechten Gewissens zur Seite und ruf trotzdem an! Die Sache ist ja die, der anderen Person geht es ähnlich, und einer muss halt mal den ersten Schritt machen. Und schwups, hat sie abgenommen und sagt: »Es fühlt sich an, als wäre es gestern gewesen.« Dann ist sowieso alles vergessen.

Also: Genau *jetzt* wäre doch ein wunderbarer Moment, um einer Freundin oder einem Freund mal wieder etwas von Herzen mitzuteilen.

»Ich gründe mal
'ne WhatsApp-Gruppe«

»Nein, bitte nicht!«, denke ich dann oft. Ich glaube, ich hab mittlerweile mehr Gruppen als Einzelkontakte in meinem Handy gespeichert. Das ist natürlich übertrieben, aber es sind schon 'ne Menge. Klassen-Chat von Kind 1, Klassen-Chat von Kind 2, Play-date-Gruppe, Sportgruppe, die Urlaubsgruppe, die Wir-organisieren-eine-Überraschung-Gruppe für Junggesellenabschiede oder Babypartys – davon gibt es eine Menge.

Und von wegen, wir löschen sie dann direkt im Anschluss. Pustekuchen. Irgendwie bleiben immer ein paar bestehen.

Und dann ist da natürlich meine Mädelsgruppe. Äh, okay, warte, Mädelsgruppen habe ich etwa acht.

Ich habe zum Beispiel eine Germany's-Next-Top-Model-Gruppe. Von einer Riesengruppe, die wir mal waren, sind nur

noch wir drei Bekloppten übrig geblieben, die noch gucken. Und dafür liebe ich euch so sehr.

Dann gibt es die Milf-Gruppe, wundervolle Heldinnen. Hier wird sich über alles Mögliche ausgetauscht, insbesondere natürlich über unsere Kids.

Dann gibt's die Klettertruppe, das sind meine Ladies, die über ganz Deutschland verteilt leben. Wir haben schon ganz viele Städtereisen zusammen gemacht und gemeinsam Karneval gefeiert. Warum nennen wir uns die Klettertruppe? Weil wir genau *einmal* klettern waren, auf unserer ersten Reise. Haben wir so gelassen, klingt so abenteuerlich.

Nicht zu vergessen die Trash Girls. Ohne euch wären die Ereignisse der Welt einfach nur halb so witzig, spannend, absurd, überraschend tragisch und interessant. Ich liebe unsere Abende, die mit »Hast du das mit XY bei Promiflash gelesen?« beginnen und dem krassesten Deep Talk enden.

Und *Meine Mädels* sind, wie der Name schon sagt, einfach meine Mädels. Für mein Herz und meine Seele. Mein sicherer Hafen. Und Adel Tawil würde für sie singen: »Zu Hause ist da, wo deine Freunde sind, hier ist die Liebe umsonst.«

Um nur ein paar zu nennen... An dieser Stelle einen dicken Kuss an meine Gruppenladies! Jeder dieser Menschen gibt mir etwas, und wenn ich ein Bild malen würde, das meinen Freundeskreis beschreibt, wäre das Papier ausgemalt mit bunten Farben, leuchtend, hell, mit ganz viel Glitzer und keinem Millimeter Platz mehr frei. Ich müsste eher aufpassen, dass ich nicht über den Rand male. Ja, so würde ich sie beschreiben. *Meine Freundinnen machen mein Leben bunt.*

Wie sieht es bei dir aus? Magst du Gruppen?

Ich gebe zu, mittlerweile liebe ich sie. Für mich haben sie nichts Oberflächliches oder Beliebiges. Im Gegenteil. Ich empfinde es als eine große Hilfe, mit ihnen in Kontakt zu sein. Natürlich ist der persönliche Offlinekontakt das A und O. Aber Onlinegruppen sind eben auch hilfreich, die persönlichen Dates zu organisieren und zu planen.

Jakob sagt immer:
Warum sollte man fünf Minuten telefonieren,
wenn man sich doch 350 Nachrichten schicken kann.

Ja gut, die Sache mit den Nachrichten müsst ihr Männer nicht verstehen. Ehrlich gesagt, verstehen wir es ja selbst nicht, wir tun es einfach.

Freunde sind die Familie, die wir uns aussuchen

Mädelsabende auf meinem Sofa gibt es schon so lange, wie es mich und ein eigenes Sofa gibt. Das hat sich nicht mal durch die Geburt meines ersten Kindes verändert. An einem Mittwochabend saßen wir alle gemütlich zusammen bei mir und haben »Desperate Housewives« geschaut, ich mit 'ner Riesenkugel vorm Bauch und natürlich ganz viel Süßkram.

Am Samstag waren wieder alle da zum DSDS-Schauen, Chillen und Quatschen. Ich war schon ein paar Tage über den Termin, und als die Mädels gegen Mitternacht gingen, sagten sie noch, wie cool es wäre, wenn es jetzt losgehen würde und sie dabei wären. Kaum waren sie gegangen und ich legte mich ins Bett, kamen die ersten Wehen. Am Sonntag, den 14.3. um 14.33 Uhr erblickte mein Joel auf natürlichem Wege das Licht der Welt. Und schon am Mittwoch saßen alle meine Mädels wieder mit mir auf dem Sofa, und wir schauten gemeinsam »Desperate Housewives«. Nur anstatt der Kugel lag nun mein kleiner Schatz auf meinem Bauch.

Unser Leben ist immer im Wandel, es gibt keine Pause, keinen Stillstand. Veränderungen gehören eben einfach zum Leben dazu. Und gerade weil ich mich so gern auf Neues einlasse, brauche ich ein paar Konstanten in meinem Leben.

Ich liebe es, seit Jahren zum selben Friseur zu gehen und mich voller Vertrauen entspannt auf den Stuhl fallen zu lassen; in meine kleine Lieblingsboutique, in der mich immer ein freundliches Lächeln empfängt und Empfehlungen, die von Herzen kommen; oder in meine Lieblingscafés und Restaurants, in dem sie meine Bestellung schon kennen, bevor ich den Mund aufmache.

Und vor allem liebe ich es, meine Freunde zu haben – ein Ort, an dem man mich ohne Worte versteht. Wenn ich Sorgen habe, lautet der erste Satz immer: »Wie kann ich dir helfen?«, noch bevor gefragt wird, was eigentlich passiert ist. Freundschaften sind der Ort, wo die Zeit manchmal stillstehen darf.

Da muss ich an das wunderschöne Lied »Irgendwas bleibt« von Silbermond denken. Ich weiß noch, wann ich es zum ersten Mal gehört habe, und ich bekomme immer Gänsehaut, weil es mein Gefühl in diesen wertvollen Momenten genau beschreibt.

IRGENDWAS BLEIBT

Sag mir, dass dieser Ort hier sicher ist
Und alles Gute steht hier still
Und dass das Wort, das du mir heute gibst
Morgen noch genauso gilt
Diese Welt ist schnell
Und hat verlernt, beständig zu sein
Denn Versuchungen setzen ihre Frist
Doch bitte schwör', dass, wenn ich wiederkomm'
Alles noch beim Alten ist
Gib mir 'n kleines bisschen Sicherheit
In einer Welt, in der nichts sicher scheint
Gib mir in dieser schnellen Zeit irgendwas, das bleibt
Dann gib mir einfach nur 'n bisschen Halt
Und wieg mich einfach nur in Sicherheit
Hol mich aus dieser schnellen Zeit
Nimm mir ein bisschen Geschwindigkeit
Gib mir was – irgendwas, das bleibt

Ich bin dankbar, Menschen um mich zu haben, die sich in mein Leben integrieren, auch wenn ihre Struktur und meine vielleicht gerade gar nicht zusammenpassen. Freunde sind nicht Menschen, die wir uns passend zu unserer Lebensphase aussuchen. Sondern es sind die Menschen, die auch mal den komplizierteren Weg nehmen, einfach um an unserer Seite zu sein. Und genau so mache ich es auch, das ist zumindest mein Anspruch.

Wir wissen erst, was wir haben, wenn wir es nicht mehr haben

In der Corona-Zeit wurde es mir einmal mehr bewusst.

Plötzlich kein Kontakt. Also kein physischer Kontakt. Keine Nähe. Keine Umarmungen. Wie ging es dir damit?

Ich weiß noch, als ich das erste Mal nach langen Wochen wieder einen Abend bei einer Freundin verbracht habe, wir waren zu dritt. Um zwei Uhr morgens schauten wir dann auf die Uhr und waren ganz erstaunt. Wir hatten gar nicht gemerkt, wie die Zeit verstrichen war. Das erste Mal wieder einfach quatschen, ohne Kinder. Nur wir drei. Eigentlich ist es das Normalste der Welt, aber plötzlich war es etwas Besonderes. Plötzlich war die Wertschätzung für diesen Moment riesengroß.

Auf dem Weg nach Hause kribbelte es noch in meinem ganzen Körper, und als ich im Bett lag, konnte ich zunächst nicht einschlafen. Ich überlegte, warum bloß. Dann wurde mir klar: So fühlt sich Glück an. Ganz pur. Es war deshalb so besonders, weil ich es *in dem Moment* ganz klar gespürt und wahrgenommen habe.

Oft fühlen wir Glück ja eher rückwirkend. Damit meine ich Folgendes: Wir erinnern uns am nächsten Tag oder noch später und sagen dann: »Hach, an dem Tag war ich so richtig glücklich.«

Aber dieser Moment war anders, weil ich absolut im JETZT war, und für diese Erfahrung bin ich sehr dankbar. Und ich möchte mehr davon. Man könnte daraus ein Spiel machen: Glücksmomente erkennen – unmittelbar in den Momenten, in denen sie passieren. Das wird ein Spaß.

Glück ist das Einzige, das sich verdoppelt, wenn man es teilt

Kennst du den Moment? Du hast gerade etwas richtig Tolles erfahren oder erlebt. Das erste und ganz natürliche Bedürfnis ist doch, es sofort jemandem zu erzählen.

Warum? Weil sich das Glücksgefühl in dem Moment verdoppelt. Unter Mädels sagen wir auch manchmal, etwas Verrücktes erlebt zu haben wird erst in dem Moment so richtig aufregend, wenn man es mit seiner Freundin im Nachgang noch mal komplett rekonstruiert. In aller Ausführlichkeit. Wir sind sogar richtige Meister darin. Männer werden das niemals verstehen.

Was ich persönlich in einer echten Freundschaft wahnsinnig wertschätze, ist, wenn sich meine Freunde von Herzen mit mir freuen können. Oft heißt es ja, echte Freundschaft zeige sich in den schweren Stunden. Das ist sicher wahr, aber ich glaube, andersrum ist es ebenso wichtig.

Mit Kummer kann man allein fertigwerden, aber um sich aus vollem Herzen freuen zu können, muss man die Freude teilen.

Mark Twain

Danke schön!

Dieses Kapitel widme ich meinen Freunden. Euch allen. Zunächst denen, die ich schon ganz lange kenne. Mit euch habe ich Geburtstage gefeiert und in unseren Kinderzimmern ganze Fantasiewelten erschaffen. Wir haben im Ferienlager gemeinsam in einem Zimmer geschlafen, haben bunte T-Shirts bemalt und Brieffreundschaften gepflegt. Manche von euch waren als Teenie an meiner Seite. Wir haben zusammen emotionale Höhen und Tiefen kennengelernt, mal die Schule geschwänzt oder fantastische Konzerte besucht. Wir haben gestritten und uns wieder vertragen, waren hoffnungslos in unsere Stars verschossen und haben zusammen über unseren Liebeskummer geweint.

Ich weiß, dass jede einzige von euch, die das heute liest, ganz genau versteht: Du bist gemeint. Ich danke dir, dass wir ein Stück gemeinsam gegangen sind und du mein Leben bereichert und in eine bestimmte Richtung gelenkt hast. Ich danke dir für die Erinnerungen, die uns auf ewig verbinden!

Dann gibt es manche von euch, die zwar nicht mehr nah an meiner Seite sind – aber ich sehe dich noch bei Facebook oder Instagram oder ich höre über gemeinsame Freunde von dir. Wir haben uns nie gestritten, doch das Leben hat uns in unterschiedliche Richtungen laufen lassen. Und das ist auch vollkommen okay. Auch dir bin ich dankbar für unseren gemeinsamen Weg. Und manchmal schenkst du mir heute noch einen kleinen Glücksmoment, ohne dass du es weißt. Einfach weil ich mitbekomme, dass du da bist und dass es dir gut geht.

Und schließlich sind da die Wegbegleiter, die genau jetzt an meiner Seite sind. Manche sind mir aus der Kindheit geblieben, andere kamen später dazu. Und ich weiß jede/n einzelne/n zu schätzen. Manche von euch leben nicht hier in Berlin, aber ihr seid mir dafür im Herzen umso näher.

Ich könnte für jeden einzelnen ein »Ich liebe dich, weil …« aussprechen, aber das würde den Rahmen sprengen. Ich möchte einfach nur, dass du weißt, wie glücklich ich bin, dich zu haben. Du machst einen großen Teil meines *rosaroten Glücks* aus.

Rosaroter Denkanstoß

Freunde sind nicht Menschen, die wir uns passend zu unserer Lebensphase aussuchen. Sondern es sind die Menschen, die auch mal den komplizierteren Weg nehmen, einfach um an unserer Seite zu sein.

Und jetzt
hole ich mir
MEIN GLÜCK ZURÜCK

E rinnerst du dich noch an den kalten, sonnigen Morgen im Park? Jakob und ich gingen spazieren, und er sagte mir zum ersten Mal, dass er nicht mehr wüsste, wie er mir helfen könnte. Es war der Moment, in dem ich wie aus einem Tiefschlaf aufwachte. Wir sind wieder genau dort!

Ich wollte raus aus der Misere. Ich wollte mein Glück zurück. Ich wollte nicht mehr weitermachen wie bisher. An diesem Tag suchte ich meine rosarote Brille und setzte sie wieder ganz bewusst auf. Zumindest habe ich es versucht.

Im Grunde ist es wie mit einer echten Brille. Anfangs fühlt sie sich vielleicht noch etwas ungewohnt an. Aber mit der Zeit spürst du sie nicht mehr und denkst auch nicht mehr daran. Dir fällt nur noch auf, wie wunderbar klar du mit einem Mal sehen kannst. Meine Perspektive veränderte sich. Mit der Brille richtete sich mein Blick von nun an auf die Möglichkeiten.

Einsicht ist immer der erste Schritt. Nur, was kommt dann?

Ein paar Tage später lag ich bei meinem Physiotherapeuten auf der Liege und ließ mich massieren. Mein Rücken war so verspannt, dass der Schmerz in den Kopf zog und ich ständig Migräne hatte. Meinen Physio nenne ich liebevoll auch meinen Seelenklempner. Seit Jahren schütte ich ihm mein Herz aus, und er hat mich schon in den kritischsten Situationen gerettet. Zum Beispiel bei »Let's Dance«, da hatte ich Schmerzen an Stellen, von denen ich nicht mal wusste, dass dort Muskeln sind.

Und nun lag ich also da, und er sagte: »Susan, du musst mal ins *Machen* kommen. Fang einfach an, und du wirst merken, der Rest kommt dann schon. Aber anfangen musst du selbst.«

»Ja gut«, sagte ich etwas matt, »aber anfangen womit?«

»Wie wäre es mit einem Achtsamkeitsseminar?«

Ich nur: »Was bitte?«

»Das ist ein Basic-Seminar, auch MBSR genannt«, erklärte mein Physio. »Es dauert acht Wochen, und du lernst zu meditieren.«

Ich dachte mir: Okay, warum eigentlich nicht?

Zu Hause googelte ich »Achtsamkeitsseminar Berlin«. Beim zweiten Anbieter, auf den ich stieß, fing der Kurs direkt fünf Tage später an. Das muss ein Zeichen sein, dachte ich mir. Allerdings: im Prenzlauer Berg. Puh, wenn es schlecht läuft, dachte ich, bin ich gut 45 bis 50 Minuten unterwegs, pro Strecke. Und dann stand da noch: schwierige Parkplatzsituation. Also besser mit den öffentlichen Verkehrsmitteln hinfahren.

Prompt meldete sich die Stimme in meinem Kopf: Ach Susan, willst du das wirklich? Jeden Mittwochabend dasitzen, und dann

noch die lange Anfahrt – eventuell mit der Bahn, in der Kälte??
Stimme ausgeblendet und auf *Anmelden* geklickt!

Ene Mene Mai,
Parkplatz, komm herbei. Hex hex

Wenn ich mit meinen Kindern im Auto sitze und wir irgendwo
einen Parkplatz suchen, sage ich immer: »Wir müssen jetzt den
Zauberspruch sagen. *Ene Mene Mai, Parkplatz komm herbei. Hex
hex.*« Es klappt wirklich oft, manchmal leider auch nicht, aber ich
liebe ihre Gesichter, wenn es funktioniert. Schon meine Mutter
hat zu mir als Kind im Auto immer gesagt: »Hast du vergessen, im
Universum anzurufen, um den Parkplatz zu bestellen?«

Ich fuhr also zum ersten Achtsamkeitsabend. Bog in die Straße
ein, es war ein superkalter Abend im Februar. Ich sagte den
Zauberspruch, und siehe da – ein freier Parkplatz direkt vor der
Tür. Und wenn du glaubst, das war schon alles – nein, das Wunder hatte gerade erst begonnen. Ich nannte es das Parkplatzwunder, denn jede Woche sagte ich beim Einbiegen in die Straße den
Zauberspruch und bekam unmittelbar einen Platz, niemals weiter weg als ein paar Schritte. Die anderen Teilnehmer des Kurses
konnten es nicht glauben und kamen jede Woche staunend hinein: »Hast du etwa wieder direkt einen Parkplatz gefunden?« Ja!
Meine Connection nach oben ist eben aufgebaut.

Der erste Abend begann mit einer Vorstellungsrunde. Alle hatten sich bereits Wochen vorher angemeldet und versucht, sich
mental auf den Kurs vorzubereiten. Ich dagegen war einfach

spontan reingesprungen und hatte mich noch nicht mal wirklich darüber informiert, was mich erwartete. Aber vielleicht war das gar nicht so schlecht. Damit hatte ich mir gar nicht erst die Möglichkeit gegeben auszusteigen, bevor es überhaupt anfing.

Jetzt saß ich also auf meiner Meditationsmatte, in Wollsocken. Die erste Meditation kam mir endlos vor. Nein, falsch, sie *war* endlos. Ob ich auch alles richtig machte? Egal, ich war da. Und dieser Schritt fühlte sich schon mal ziemlich gut an.

Wir bekamen auch Übungen für zu Hause mit. Dinge wie: Pro Tag eine Mahlzeit ganz bewusst essen und dabei jeden Bissen schmecken und genießen. Oder einfach mal fünf Minuten beim Spazierengehen oder auf dem Weg zum Supermarkt alles um uns herum wahrnehmen. Erst hören, dann riechen, dann fühlen und auch schmecken. Spannend. Stand der Baum schon immer an dieser Stelle? Wie schön das eine Haus in meiner Straße ist!

Das Highlight oder vielmehr die größte Herausforderung kam ungefähr nach der Hälfte des Kurses – ein Tag in Stille. Gefüllt mit verschiedenen Meditationen. Dazwischen Pausen, aber kein Handy, kein Buch, kein Plaudern. Nur Stille. Erst war es gar nicht mal so still, weil meine Gedanken nicht aufhören wollten zu quatschen. Von To-do-Listen über die Frage »Was mach ich hier?« bis hin zu »Wie schaffen die anderen das?« und »Es klappt einfach nicht«. Aber je mehr ich mich auf das Abenteuer einließ und aufhörte, gegen die Gedanken anzukämpfen, je weniger ich mir einredete, dass hier irgendetwas funktionieren musste, desto stiller wurde es. Wow, was für ein Geschenk!

Am nächsten Morgen war ich bereit für den nächsten *ersten* Schritt. Ich zog meine Sportklamotten an und ging ins Fitnessstudio. Lange war ich nicht mehr dort gewesen. Aber ich versuchte, mich an das gute Gefühl beim Sport zu erinnern und daran, wie viel mehr Energie ich dadurch bekomme. Mein innerer Schweinehund wollte davon aber nichts wissen, er schrie mich geradezu an: »Was zur Hölle machst du? Unter der Decke war es so gemütlich. Du kannst doch morgen starten.« Nein, heute ist der Tag!

Im Studio guckte ich auf den Plan, vielleicht ein Kurs? Irgendwie brauchte ich Motivation von außen. Aber es gab gerade nichts, das mich reizte. Ich ging auf den Stepper und lief los. Kurz darauf sprach mich eine Trainerin an: »Dich hab ich ja schon lange nicht mehr hier gesehen, ich habe eine neue Idee und würde dir gerne davon erzählen.« Sie hatte ein neues Konzept erarbeitet, ein Programm, das sich »7 Rocks« nennt: Sieben Wochen lang jeden Tag mindestens sieben Minuten Training, an einem Tag mit ihr zusammen. Jede Woche kommt ein Baustein hinzu, der wichtig ist, zum Beispiel genug trinken oder etwas über Ernährung oder ein Journal, in dem ich meine Schritte festhalten konnte. Am Ende fragte sie, ob ich nicht Lust hätte, als Testperson mitzumachen. Eine siebenwöchige Challenge?? Genau das, was ich jetzt brauchte. Yes! Danke, Universum.

Jakob sagt immer:
Das Leben kümmert sich um dich,
du musst nur ganz klare Signale geben.

Und so war es, anders kann ich es mir nicht erklären. Ich wollte etwas ändern, machte den ersten Schritt und gab dem Leben damit ein Zeichen.

Alles ist Energie

Kennst du solche Situationen? Du denkst an jemanden, und die Person ruft an. Oder du suchst schon die ganze Zeit nach etwas, und dann kommt es auf einem unerwarteten Weg zu dir.

Meinem Mann ist letztens so etwas passiert. Wir brauchten ganz dringend einen Handwerker, der in unserem Bad etwas reparieren und die Fliesen neu legen sollte. Es war eine Zeit, in der einfach niemand zu bekommen war, es war wie verhext, und die Sache wurde immer dringender. Plötzlich klingelte Jakobs Telefon mit einer unbekannten Nummer. Am Telefon war ein Handwerker, mit dem Jakob Jahre zuvor zu tun gehabt hatte. Dieser Typ rief Jakob aus Versehen an, weil er einen Kontakt verwechselt hatte. Ich muss wohl nicht sagen, dass er dann unser Bad repariert hat, oder? Und jetzt frag ich dich: Zufall oder Schicksal? Oder Energie?

Wir ziehen ganz klar das in unser Leben, was schon da ist, und nicht das, was wir brauchen.

Was? Das ist ja schrecklich!, höre ich dich denken. Früher habe ich diesen Satz, ehrlich gesagt, überhaupt nicht verstanden. Ich dachte immer, wenn ich etwas ganz doll will, DANN kommt es zu mir. Wo liegt da jetzt der Unterschied zu dem Satz »Wir ziehen ganz klar das in unser Leben, was schon da ist, und nicht das, was wir brauchen«?

Pass auf, ich versuche, es dir in meinen Worten zu erklären. Wir alle sind Energie. Wenn jemand schlecht gelaunt ist, spüren wir das ohne Worte. Wenn jemand eine extrem gute Energie hat, spüren wir das auch. Es zieht uns dahin, wie Magie. So weit klar, oder? Also wenn wir alle Energie sind und alles um uns herum auch Energie ist, gibt es eine Anziehung. Das ist nichts Spirituelles oder Abgehobenes, es ist tatsächlich Physik.

Doch wenn wir etwas ganz furchtbar dringend und unbedingt wollen, sind wir im *Mangel*. Im Mangel sind wir, wenn wir zum Beispiel *wütend, ängstlich, neidisch oder traurig* sind. Also Situationen, in denen wir typischerweise sagen: »Ich bin ein Pechvogel, immer passiert nur Mist, ich habe nie Glück.« Das Gegenteil davon ist *Fülle*. In der Fülle sind wir, wenn wir in *Freude, Liebe, Zuversicht und Frieden* sind. Zu Menschen, auf die das zutrifft, sagen andere oft: »Du bist so ein Glückspilz. Du denkst nur an etwas, und schon passiert es; bei dir wirkt alles so leicht.«

Und jetzt kommt der Clou. *Fülle* beginnt schon mit *Akzeptanz, Bereitschaft und Mut*. In dem Moment, in dem wir das Mangeldenken hinter uns lassen und uns einfach für eine neue Richtung öffnen, wenn wir rausgehen aus der Komfortzone und uns auf etwas Neues einlassen – in dem Moment beginnen die Wunder.

Ich habe es ganz klar gespürt. Nehmen wir noch mal das Fitnessstudio und den Wunsch nach Veränderung. Total typisch ist es, zu Hause sitzen zu bleiben, immer wieder davon zu sprechen – »Ich muss dringend Sport machen« – und währenddessen heimlich auf irgendetwas von außen zu warten. Auf den richtigen Moment oder darauf, dass eine Freundin anruft und im Idealfall sagt: »Weißt du was, ich hol dich ab, wir gehen zusammen zum Sport.« Komisch, passiert irgendwie nie.

Bei mir war es genauso. Auch ich wollte eine Veränderung, auch ich habe auf irgendein Zeichen von außen gewartet. Aber es kam nichts. Meine Energie hatte nichts Anziehendes. Ich blockierte mich permanent selbst, dachte aber immer, der Schuldige sitzt irgendwo da draußen, wo ich keinen Einfluss habe. Meine negative Energie lähmte mich, und es passierte einfach nichts, bis ich aufstand und etwas veränderte.

Bücher finden dich, und nicht andersherum

Meine Energie, die ich fühlte und dementsprechend ausstrahlte, bewegte sich langsam weg von *Wut, Angst und Trauer* hin zur *Akzeptanz, Mut und Bereitschaft*. Das ist schon ein großer Schritt. Solltest du gerade an diesem Punkt sein und dich trauen loszugehen – vielleicht noch zaghaft, vielleicht fühlt sich die Brille auf deiner Nase noch fremd an –, dann kannst du an dieser Stelle schon mächtig stolz auf dich sein!

Während meiner Suche nach Veränderung und neuen Möglichkeiten empfahlen mir zwei völlig verschiedene Menschen aus unterschiedlichen Bereichen einen Onlinekurs von Laura Malina Seiler. Beiden hörte ich kaum zu, schmetterte es direkt ab, weil ich keinen Onlinekurs machen wollte. Ich dachte bei mir: Was soll das bringen? Ich brauche Kontakt zu echten Menschen.

Einige Tage später besuchte mich eine liebe Freundin aus Hamburg. Ich erzählte ihr, dass ich momentan an einem Achtsamkeitsseminar teilnahm, und sie antwortete ganz begeistert, dass sie gerade das tollste Onlineseminar abgeschlossen habe und ob ich schon mal von Laura Malina Seiler gehört hätte? Okay, gruselig, dachte ich mir. In so kurzer Zeit drei Mal die gleiche Empfehlung. Ich erzählte ihr von dem »Zufall«, und sie sagte direkt: »Schatzilein, es gibt keine Zufälle. Hol sofort dein Handy, du bestellst dir jetzt ihr Buch.« Gesagt, getan.

Kaum hielt ich das Buch *Mögest du glücklich sein* in meinen Händen, las ich es in einem Rutsch durch. Ich postete etwas aus dem Buch auf Instagram und verlinkte Laura. Sie teilte den Beitrag und schrieb mir eine Nachricht. Okay, das war ein kurzer positiver Fan-Schockmoment. Sie schrieb, sie freue sich total, dass ich ihr Buch lese und ob ich Lust hätte, als Gast in ihren Podcast zu kommen. Zu der Zeit kannte ich ihren Podcast noch gar nicht, aber ich freute mich trotzdem. Ich erzählte ihr ein wenig von meiner Krise und dass ich gerade einen Achtsamkeitskurs begonnen hätte und überlegen würde, ihr Onlineseminar zusätzlich zu starten. Ich war mir unsicher, ob das vielleicht alles etwas viel auf einmal sei. Sie sagte nur, wenn ich gerade sowieso Zeit hätte, sollte ich es doch einfach versuchen, es gäbe ja nichts zu verlieren. Und damit hatte sie absolut recht, es gab nur sooooo viel zu gewinnen.

Vor dem Wecker wach, topfit und voller Tatendrang

Alle meine Freunde wissen, dass ich schlafen über alles liebe. Ausschlafen ist mein Luxus. Ja, ich zähle die Stunden. Wenn es abends zu spät wird, werde ich schon leicht unruhig. Sieben Stunden sollten es mindestens sein. Mit 'ner guten Netflix-Serie werden es allerdings oft nur sechs. Um 24 Uhr muss Cinderella wirklich im Bett sein, denn um kurz nach sechs klingelt der Wecker, damit die Jungs rechtseitig in die Schule kommen. Freiwillig früher aufstehen als nötig? Niemals! Dachte ich.

Das Onlineseminar ist so aufgebaut, dass man zeitlich teilnehmen kann, wann man möchte. Aber meine Vorfreude wurde mit jedem Tag größer. Plötzlich sprang ich hellwach aus dem Bett, freute mich auf den Tag. Frühstück mit den Jungs, gut, ich trinke nur Kaffee, aber das Zusammensitzen ist seit jeher unser Ritual. Und kaum waren sie alle aus dem Haus, ging es nicht aufs Sofa unter die Decke vor den Fernseher. Nein. Laptop auf, Morgenmeditation und ein Workbook, das sich immer mehr mit meinen Gedanken, Wünschen und Träumen füllte. Es war fast so, als kehrten langsam die Lebensgeister in meinen Körper zurück. Da war sie wieder, die Struktur, die ich vermisst hatte. Morgens machte ich zunächst meinen Onlinekurs, auch Sport gehörte wieder zu meinem Leben, und einmal in der Woche ging's in den Prenzlauer Berg zum Achtsamkeitsseminar samt Parkplatzwunder.

Es gibt ja zwei Arten von Stress. Die einen haben zu viel zu tun und können vor lauter Gerenne im Hamsterrad keinen klaren Gedanken mehr fassen (kenne ich auch sehr gut), und bei den anderen kommt der Stress daher, dass sich einfach nichts bewegt. Und die Angst immer größer wird, dass es so bleibt.

In beiden Situationen besteht der erste Schritt darin, die Situation überhaupt zu erfassen. *Akzeptanz!* Dann können wieder zwei Situationen entstehen. Bei der einen denkt man: »Es ist halt so, wie es ist. Was kann ich da schon verändern?« oder »Ich sitze mal die Zeit ab und hoffe, dass sich das Problem von allein löst«.

Ich nenne das mal die *Opferhaltung*. Option Nummer zwei: »Ich akzeptiere, dass es so ist, aber *ich* werde es verändern!« Und dafür setze ich meine rosarote Brille auf. Ich richte meinen Blick auf die Möglichkeiten und verwandle mich vom Opfer zum Schöpfer!

Da du dieses Buch liest, gehe ich mal ganz stark davon aus, dass du Option zwei gewählt hast! Oder es zumindest versuchen möchtest.

Aufgeben ist keine Option

Mein guter Freund Lars Amend, den ich auch auf meiner Reise zur Persönlichkeitsentwicklung kennengelernt habe, sagt immer: »Aufgeben ist keine Option.« Er ist für mich eine wahnsinnige Inspiration. Dieser Mann hat in den letzten elf Jahren sage und schreibe elf Bücher veröffentlicht.

Als ich im letzten Sommer sein Buch *It's all good* las, schrieb ich ihn auf Instagram an. Ob er nicht Lust hätte, sich mit mir auf einen Espresso zu treffen, um ein wenig über das Leben zu philosophieren. Und so saßen wir wenige Tage später zusammen. Ich war total aufgeregt, weil ich irgendwie nicht wirklich daran glaubte, dass wir uns auch wirklich treffen würden. Ich hatte zwar noch nie ein Blind Date, aber ich glaube, so fühlt es sich an.

Ein weiterer kluger Spruch von Lars ist: »*Wenn du nicht fragst, wird die Antwort immer NEIN sein.*« Auch ein Satz, der sich tief in mir verankert hat. Wer nicht fragt, der nicht gewinnt. Kenne ich noch aus meiner Kindheit. Und immer wenn ich jetzt vor einer Entscheidung stehe und Zweifel laut werden, denke ich an den

Satz: »Das Nein hast du schon.« Das bedeutet, ich kann nur gewinnen. Auch wenn ich eine negative Antwort bekomme oder gar keine. Ich weiß dann, dass ich alles getan habe, was in meiner Macht steht, und es bleibt nie die Frage offen: »Was wäre wohl passiert, wenn ich mich einfach getraut hätte?« Eigentlich ist sogar durch Lars dieses Buch entstanden. Seine Verlegerin hat mich gehört, als ich bei ihm im Podcast zu Gast war. Sie war berührt von unserem Gespräch und meldete sich kurz darauf bei mir mit der Frage, ob ich schon mal darüber nachgedacht hätte, über all das ein Buch zu schreiben. Um es in den Worten von Pippi Langstrumpf zu sagen: »*Das habe ich noch nie vorher versucht, also bin ich völlig sicher, dass ich es schaffe.*« Danke, Lars. Oder vielmehr danke an mich selbst. Denn ich habe ja gefragt.

Man sollte viel öfter einen Mutausbruch haben

Von der *Akzeptanz* geht es weiter zu *Mut*. Einen neuen Schritt zu wagen braucht Mut. Denn es heißt: Raus aus der Komfortzone. Bei mir hieß es, runter vom Sofa und Netflix aus. Ich wusste vielleicht noch nicht genau, wie mein Weg aussehen würde, aber der Weg zeigt sich nach dem ersten Schritt. Wir brauchen Mut nicht nur, um loszugehen, wir brauchen ihn auch, um uns ehrlich und aufrichtig unsere Situation anzuschauen.

Hör auf, alles wegzudrücken. Du bist wütend? Dann sei auch wütend. Du hast Angst? Dann schau dir genau an, wovor eigentlich. Du bist neidisch? Okay, dann gesteh es dir ein. Du bist traurig? Dann weine. Und jetzt atme ein paar Mal kräftig durch und lass es zu. Lass es da sein.

Es ist schwer, etwas loszulassen, ohne es vorher noch mal zuzulassen. Verabschiede dich in Frieden. Es klingt blöd, aber du darfst dich an dieser Stelle auch bei deinen negativen Gefühlen bedanken. Schließe sie ein in dein Herz und sage ihnen: »Was auch immer dieses Problem in meinem Leben herbeigeführt haben mag, es muss mit mir zu tun haben. Und der Teil in mir, der dieses Problem verursacht, den nehme ich jetzt behutsam in mein Herz. Ich liebe diesen Teil, ich verzeihe ihm, ich nehme ihn voll und ganz an. Und ich danke diesem Teil, auch er ist ein Teil von mir. Ich schenke diesem Teil meine Liebe.«

Das ist die Herzenstechnik aus dem Buch *Verzeih dir*, über das ich im ersten Kapitel schon gesprochen habe. Mag sein, dass dir das zu spirituell vorkommt oder du denkst: Ich hab noch nie mit meinem Herzen gesprochen. Ich sag dir was – ich hab das vorher auch noch nie gemacht. Aber so ist es mit der Komfortzone. Und wir waren ja schließlich gerade beim Thema Mut. Tja, du brauchst schon Mut, um den ersten Schritt zu tun und es zu wagen.

Kleine Warnung: Wenn wir dann tatsächlich unseren Mut zusammennehmen und es tun, kommen die bösen Stimmen im Kopf wieder. Die bösen Stimmen, die sagen: »Kannst du gleich vergessen, das funktioniert doch eh nicht«, oder sie setzen auf deinen Kummer noch einen drauf: »Du kriegst ja überhaupt nichts geregelt. Typisch! Du hast es doch nicht anders verdient.«

Kommt dir das bekannt vor?

Unser Kopf ist voll von Mindset-Sätzen, also Glaubenssätzen. Darüber haben wir schon gesprochen. Das sind die Sätze, die wir als Kind oft gehört haben. Überlege in einem solchen Moment einmal kurz: Kommt mir dieser Satz bekannt vor? Von wem oder in welchen Situationen habe ich ihn schon gehört? Mindset-Sätze haben sich in unser Unterbewusstsein gebrannt. Es sind Sätze, die wir nie infrage stellen, sondern einfach glauben. Und das, obwohl wir heute erwachsen sind und die Sätze mit ziemlicher Wahrscheinlichkeit einfach nicht (mehr) stimmen.

Witzig ist, dass wir Menschen ansonsten ganz vieles infrage stellen. Dinge, die wir in den Nachrichten hören, Dinge, die andere Menschen erzählen. Aber unseren Gedanken, denen vertrauen wir blind.

Glaub nicht alles, was du denkst

Unsere Gedanken sind eine Mischung aus Erziehung, Erfahrung und Angst. Ich nenne es unsere Brille. Zwei Menschen erleben ein und dieselbe Situation komplett unterschiedlich. Sie sehen beispielsweise einen Film, und komplett andere Gefühle kommen zum Vorschein. Jeder von uns hat seine Wahrheit und damit eine ganz eigene Brille.

Der Clou ist aber: *Wir haben die Macht über unsere Gedanken.* Nicht andersherum. Viele sagen daraufhin: »Ja, aber ich kann ja schließlich nicht kontrollieren, was ich denke.« Das stimmt. Aber du darfst, nein warte, *du solltest* deine Gedanken infrage stellen: Woher kommt der Gedanke? Kann ich mit hundertprozentiger Sicherheit sagen, dass das die Wahrheit ist? Kommt der Gedanke aus einer Angst heraus? Wovor habe ich Angst?

In dem Buch *Sorge dich nicht, lebe* von Dale Carnegie geht es – bricht man es mal herunter – um einen einzigen Satz: »99 Prozent aller Sorgen, die du dir machst, treffen nicht ein.« Das ist mal 'ne Ansage, oder? Es ist verrückt. Überleg mal, wie viel Zeit wir mit unnötigen Sorgen, also Gedanken, vergeuden.

Die weiteren Fragen, die Carnegie stellt, lauten: a) Was kann mir als Schlimmstes passieren, wenn ich's nicht schaffe, mein Problem zu lösen? b) Bereite dich in Gedanken darauf vor, das Schlimmste zu akzeptieren – falls nötig. c) Nun versuche ruhig und gelassen, das Schlimmste abzuwenden – mit dem du dich im Geist bereits abgefunden hast.

Die Angst und die Sorgen sind oft so viel schlimmer als das, was wirklich passieren könnte. Natürlich kann es in einzelnen Fällen um Leben oder Tod gehen. Die Angst, wenn du selbst schwer krank bist oder dein Kind, deine Mutter oder dein Partner. Aber gerade wenn es etwas so Schlimmes ist, frage dich selbst: Was bringt mir, effektiv, die Sorge? Du kannst faktisch Probleme, die in der Zukunft auftauchen *könnten*, nicht lösen! Du hast die Wahl. Niemand sagt, dass es leicht ist. Keine der beiden Varianten – ob du nun mit oder ohne Sorgen in die Zukunft gehst – löst das Problem an sich. Also wenn wir schlau wären, würden wir doch das geringere Übel wählen, oder? Du entscheidest!

Kleiner Sidefact: Ich erzählte ja schon im Kapitel über die Liebe, dass ich dieses Buch als einziges aus dem Bücherregal meiner Mama behalten habe. Jahrelang lag es im Schrank, und als ich anfing, dieses Buch zu schreiben, fiel es mir ein, und ich holte es erstmals wieder hervor. Im Buch war ganz viel angestrichen und unterstrichen. Fast so, als hätte meine Mami mir damit noch eine Nachricht hinterlassen, und die lautet: Sorge dich nicht – lebe.

Ach, wie oft höre ich diesen Satz von ihm. Denn du ahnst es, ich bin der klassische Sorgentyp. Jakob sagt auch immer: »Wenn ich in deinem Kopf leben würde, hätte ich auch nur Migräne.« Und er hat recht. Mittlerweile sage ich diesen Satz selbst ständig. Denn wenn wir erst einmal hellhörig werden, bemerken wir sie immer und überall – die Sorgen: »Was mach ich nur, wenn ich den Job nicht kriege?«, »Ich darf auf keinen Fall krank werden, dann bricht alles zusammen«, »Und wenn ich nun niemals den Richtigen finde?«, »Hoffentlich regnet es heute nicht«, »Was, wenn wieder Stau ist«… In all diesen Fällen kommen wir mit unseren Sorgen der Lösung keinen Schritt näher. Im Gegenteil.

Richte deinen Fokus auf Möglichkeiten

In der Rise Up and Shine Uni, dem Onlineseminar von Laura Malina Seiler, sagen wir jeden Tag laut zehn Affirmationen. Das sind Sätze, die dein Unterbewusstsein anregen. Und durch häufige Wiederholung erleben wir Veränderung. Eine meiner liebsten Affirmationen ist: *Ich richte meinen Fokus auf Fülle, Lösungen und Möglichkeiten.*

Das ist ein enormer Schritt. Denn in genau diesem Moment verwandeln sich Sorgen in Probleme. Oder besser gesagt: in Aufgaben. Und für jede Aufgabe gibt es eine Lösung. Gibt es gerade keine Lösung, ist es eben eine Sorge. Und was wissen wir über Sorgen? 99 Prozent aller Sorgen treffen nicht ein.

Faktisch können wir Probleme oder Aufgaben sowieso nur im Jetzt lösen. Die Vergangenheit ist gegessen, und die Zukunft? Egal, wie sehr wir glauben, dass wir irgendeine Art von Kontrolle hätten – wir haben keine. Das Gleiche gilt für Entscheidungen. Ob wir die richtige oder die falsche treffen, wissen wir nie. Also können wir nur mit dem arbeiten, was da ist. Das bedeutet, wir können nur für den einen Moment entscheiden.

Wichtig ist, dass sich dieser eine Moment richtig anfühlt – und ich spreche hier ganz bewusst von »fühlen«, nicht zu verwechseln mit der Stimme im Kopf, die dir alle möglichen Argumente einflüstert und zurechtlegt. Nein, ich meine »fühlen«. Wie fühlt sich die Entscheidung an? Daher kommt nämlich das Wort »Bauchgefühl«. Auch hier wird es genug Menschen geben, die sagen: »Bauchgefühl ist was für Leute mit rosaroter Brille.« Hihi. Ja, ein bisschen gehört es zur selben Familie.

Sprich, wir haben eben die einen, die mehr auf ihren Kopf hören und das Gefühl ausschalten. Und die anderen, die bei Entscheidungen ganz ihrem Gefühl folgen. Letztlich werden beide Gruppen erst zu einem viel späteren Zeitpunkt wissen, ob es nun eine richtige oder eine falsche Entscheidung war. Der Unterschied liegt darin, dass dich das Gefühl immer auf deinen authentischen Weg führen wird. Auch wenn manche glauben, dass Kopfentscheidungen irgendeine Art von Kontrolle mit sich bringen.

Fakt ist, wir haben niemals die Kontrolle! Dieser Gedanke macht dir Angst, oder? Also mich hat er zu Tode erschreckt. Aber nur im ersten Moment. Ich als totaler Kontrollfreak soll meine Kontrolle aufgeben? Doch soll ich dir was sagen? Wenn du es schaffst loszulassen, bist du frei. Weil du dann nämlich ins *Vertrauen* gehst und keine Erwartungen mehr hast.

Du solltest jetzt nur eine Sache nicht verwechseln. Natürlich darfst du Pläne machen und alles, was in deiner Macht steht, in deine Ziele investieren. Das ist selbstverständlich die Grundvoraussetzung, um Ziele zu erreichen. Viele denken, wenn vom Vertrauen ins Leben die Rede ist, gehe es darum, sich zurückzulehnen und abzuwarten. Aber so funktioniert es nicht. Es geht vielmehr darum, deine Zeit in Dinge zu investieren, die du absolut in der Hand hast, auf deine Gefühle zu hören, deinen Big Five zu folgen und dem Leben zu vertrauen. Dann gehst du ganz automatisch in deine authentische Richtung. Schluss mit Sorgen! *Richte deinen Fokus auf Möglichkeiten!*

Summer Sisters Film

Und so entstand auch meine kleine Produktionsfirma Summer Sisters Film. Die große gemeinsame Leidenschaft von meiner Freundin Marisa und mir sind Filme. Wir lernten uns vor vielen Jahren bei *GZSZ* kennen, sie war damals Regieassistentin. Wir wurden enge Freundinnen und haben gemerkt, dass wir ziemlich gute Filmideen haben. Sobald wir länger darüber sprachen, gelangten wir immer mehr in einen Flowzustand.

Eines Tages beschlossen wir, es tatsächlich anzugehen: »Lass uns eine Firma gründen!« Gesagt, getan. Seit nun fast zwei Jahren arbeiten wir in unserer Ideenwerkstatt, und es macht uns extrem viel Freude. Wir besuchten Workshops, lasen viele Bücher über das Entwickeln, das Schreiben und das Pitchen. Es fühlte sich gut an, sich weiterzubilden und etwas Neues zu lernen. Und kurze Zeit später hatten Marisa und ich schon unsere ersten Termine und stellten unsere Projekte vor.

Wo dieser Weg uns letztlich hinführt, wissen wir nicht. Aber viel wichtiger ist, dass wir unsere Leidenschaft und Kreativität leben. In so einem Prozess fühlt man sich sehr lebendig, und das setzt so viel positive Energie frei. Auf diese Weise ist eine meiner Big-Five-Säulen damit stets aktiviert.

Haltet die Augen auf, liebe Freunde! Mein Bauchgefühl sagt mir, dass ihr schon bald einen Film von uns sehen werdet.

Alles ist eine Frage der Perspektive

Die erste Aufgabe im Onlineseminar von Laura ist es, dein persönliches Wunder aufzuschreiben. Dein Wunder, das wahr werden soll, wenn die fünf Wochen des Kurses vorbei sind. Laura spricht ganz bewusst von »Wunder«, damit du größer denkst. Ich schrieb auf, dass ich meine innere Kraft, Positives anzuziehen, wiederhaben wollte. Meine tägliche Affirmation war: »*Ich bin ein Glücksmagnet.*« Affirmationen habe ich ja gerade schon angesprochen. Sie sind großartig. Eine Sache, die ich dir wirklich von ganzem Herzen empfehlen kann.

Dazu brauchst du keinen Kurs, sondern nur ein kleines bisschen Überwindung. Denn anfangs fühlt es sich seltsam an, das gebe ich zu. Aber mit jedem Tag wird es normaler, und nicht nur das. Du spürst nach und nach, wie sehr du deine Affirmation verinnerlichst. Es ist wie mit den Mindset-Sätzen, die sich als Kind in deinem Unterbewusstsein verankert haben. Nur hier baust du dir deine eigenen Mindset-Sätze. Denn diese können durchaus positiv sein. Ach, was sage ich da, sie *sollten unbedingt* positiv sein. Diese Sätze – wie du über dich selbst denkst – haben eine enorme Kraft. Das sollten wir auf keinen Fall unterschätzen.

Du kannst nicht erwarten,
dass andere in dir etwas sehen,
das du selbst nicht in dir siehst.

Ich schrieb auch auf, dass ich meine Vergangenheit annehmen und nicht weiter gegen sie ankämpfen wollte. Und dass ich auch Tiefpunkte als eine Bereicherung wahrnehmen könnte. Denn dank ihnen bin ich heute genau hier. Ich wünschte mir außerdem, dass ich wieder durch meine rosarote Brille schauen kann. Dass ich alles wieder in bunten Farben sehe und mein Fokus sich auf die Wunder richtet und nicht auf die negativen Aspekte.

Einfach *alles* ist eine Frage der Perspektive. Alles ist eine Frage dessen, durch welche Brille du auf das Leben schaust. Wenn man es genauer betrachtet, ist es der Wahnsinn. Wie Byon Kathilathu in seinem Buch *Der Rikscha-Fahrer, der das Glück verschenkt* schreibt: »Im Endeffekt erlebt der Optimist denselben Tag wie der Pessimist … er hat einfach nur viel mehr Spaß dabei.«

Jeden Tag passieren uns Hunderte von Dingen. Davon sind die meisten richtig toll, aber auch irgendwie selbstverständlich. Die doofen Sachen fallen uns natürlich direkt auf, und wir sprechen auch viel mehr über sie. Doch es gibt eine Übung, mit der wir uns dies bewusst machen können.

ARMBAND WECHSEL DICH

Wähle ein Armband, das du leicht abnehmen kannst, wie ein Gummiband. Du trägst es 30 Tage. Dieses Armband soll dir die Momente bewusst machen, in denen du wieder meckerst, unnötige Sorgen ausssprichst oder über jemand anderen schlecht sprichst. Genau in diesen Momenten nimmst du das Armband ab und schiebst es auf deinen anderen Arm. Anfangs vergisst du vielleicht, das Armband zu wechseln, aber mit der Zeit verinnerlichst du die Übung.

Es gilt als erwiesen, dass sich nach 30 Tagen in dir etwas grundlegend verändert. Diese Erinnerungsübung stärkt deine Gesundheit, deine Energie fließt wieder besser, und du ziehst automatisch mehr Positives an. Einfach weil du aufmerksamer wirst und den negativen Gedanken und der damit verbundenen Energie nicht mehr so viel Raum schenkst.

Du strahlst so

Die Energie, die durch den Onlinekurs, den Achtsamkeitskurs und einfach durch meine neuen Routinen und Perspektivwechsel entstanden sind, war nicht zu übersehen. Ich war wacher und lebendiger. Immer wieder hörte ich den Satz: »Susan, du strahlst so. Ist etwas Besonderes passiert?«

Ich dachte innerlich: Ja, ist es. Obwohl im Außen gar nichts passiert war. Keine Jobanfragen oder ähnliche Dinge, von denen ich dachte, ich würde sie brauchen, um wieder glücklich zu sein und zu strahlen. Aber es passierte tief in mir drinnen. Und lustigerweise haben sich auch meine Prioritäten verschoben. Mit einem Mal hatte ich sogar Gedanken wie: Hoffentlich kommt jetzt kein Dreh rein, ich muss doch erst mal das alles zu Ende bringen. Mein Tag war gefüllt und konnte plötzlich nicht lang genug sein. Bücher stapelten sich, es gab so vieles, das ich lesen, anschauen und probieren wollte.

Und natürlich meldete sich auch jetzt die Stimme in meinem Kopf, die sagte: »Warum hast du nur die letzten Jahre so verplempert? Du hättest viel früher anfangen und so viel erfahren können.« Aber das stimmt nicht! Jeder muss seinem eigenen Tempo folgen, und sehr, sehr wahrscheinlich hätte ich ein Jahr zuvor nichts von alldem gemacht, weil ich einfach noch nicht so weit war. Es ist so, als wenn 100 Menschen dir immer wieder das Gleiche sagen, und erst beim 101. hast du es plötzlich geschnallt. Es hängt eben davon ab, wo wir gerade stehen, wie offen wir für bestimmte Informationen sind, wer sie uns gibt und in welchem Moment.

Einfach mal
leichtsinnig sein

In vielen Filmen fällt irgendwann der Satz: »Hör auf dein Herz.« Leider verlernen wir genau das immer mehr. Die Gedanken sind zu laut, die Sorgen zu groß, und wenn du tatsächlich mal auf dein Herz hörst, kommen meist Zweifel von außen. Freunde und Familie projizieren ihre Ängste auf dich – »Hast du dir das auch gut überlegt?«, »Das ist doch eine Schnapsidee«, »Was, wenn du enttäuscht wirst?«

Doch was ist, wenn du dein Herz ausblendest und nur auf deinen Kopf hörst? Dann bleibt ständig dieses komische Gefühl, die Sehnsucht, Leere, unerfüllte Träume. Und wenn es zu spät ist, kommen neue Gedanken in deinen Kopf: »Ach, hätte ich mal …«, »Was hatte ich schon zu verlieren?«, »Warum fehlte mir der Mut?«, »Ich wär so gern auch ein wenig *leicht*sinnig.« By the way, ich liebe das Wort »leichtsinnig«. Denn wenn wir es uns genauer anschauen, bedeutet es doch: etwas *Sinnvolles* mit *Leichtigkeit* zu tun.

HERZ

Eines Tages war Gott der Menschen überdrüssig. Ständig plagten sie ihn, wollten alles Mögliche von ihm. Also sprach Gott: »Ich werde weggehen und mich eine Weile verstecken.« Er versammelte alle seine Ratgeber um sich und fragte: »Wo soll ich mich verstecken?« Einige rieten: »Verstecke dich auf dem höchsten Berggipfel der Welt.« Andere hingegen: »Nein, verbirg dich lieber am tiefsten Meeresgrund, dort werden sie dich nie suchen.« Wieder andere empfahlen: »Verstecke dich auf der dunklen Seite des Mondes, das ist das sicherste Versteck. Wer sollte dich dort finden?« Schließlich wandte sich Gott an seinen klügsten und intelligentesten Engel: »Was rätst du mir, wo soll ich mich verstecken?« Und der kluge und intelligente Engel erwiderte lächelnd: »Verstecke dich im menschlichen Herzen! Das ist der einzige Ort, auf den sie niemals kommen!«

Anthony de Mello

Es gibt nur zwei Arten zu leben.
Entweder so, als wäre nichts ein Wunder,
oder so, als wäre alles ein Wunder.

Albert Einstein

Wichtig ist, dass man nie aufhört zu fragen

Die Reise der Persönlichkeitsentwicklung hat für mich im Endeffekt mit den richtigen Fragen zu tun. Meist sind es Fragen, die die Gesellschaft nicht stellt. Es sind Fragen, die vielleicht an einem System anecken. Fragen, die dich darüber nachdenken lassen, ob du eigentlich *deinen* Bedürfnissen entsprechend lebst oder dich nur an die Gesellschaft anpasst. Aber warum darf man nicht seinen ganz eigenen Weg gehen? Meiner Meinung nach kann und darf man auch im Alter von 75 Jahren noch mal neu anfangen. Es ist dafür nie zu spät, und das meine ich wirklich völlig ernst! Du entscheidest das und niemand sonst.

Aber irgendjemand muss uns die richtigen Fragen stellen. Ein Psychologe, ein Coach oder einfach ein Mensch, der zur richtigen Zeit am richtigen Ort ist. Er kann dir die richtigen Fragen stellen, und plötzlich nimmt dein Leben eine Wendung. Denn die Antworten sind immer in dir! Das kann auch mit dem richtigen Buch zur richtigen Zeit passieren. Vielleicht hattest du sogar mit diesem Buch den einen oder anderen *Aha*-Moment, in dem genau das passiert ist.

Eine Frage, die eine wichtige Rolle spielte, war auf meiner Reise: *Was macht dir richtig Spaß?* Vielleicht ist es etwas, das du schon als Kind gern gemacht hast. Etwas, das du gerne wieder öfter machen würdest, wenn du die Zeit hättest.

Ich dachte kurz nach, und das Erste, was mir in den Sinn kam, war singen. Ich liebe es, schon immer. Karaoke muss hin und wieder sein, und natürlich singe ich im Auto immer laut mit, aber mehr war gewöhnlich nicht drin. Also hörte ich mich um und fand einen Lehrer. Es fühlte sich gut an, nach all den Jahren die Gesangsübungen zu machen. Auch *Gesang ist wie ein Muskel*, der abbaut, wenn er nicht in Übung ist, aber ich konnte gut auf meiner alten Basis aufbauen. Vor allem hatte ich diesmal überhaupt keinen Druck, es war ja einfach nur für meine persönliche Freude.

Oft kommt das Glück durch eine Tür herein,
von der man gar nicht wusste,
dass man sie offen gelassen hat.

Eines Tages erzählte ich meinem Agenten davon und sagte, dass ich mir sogar vorstellen könnte, nach all den Jahren zu einer Musical-Audition zu gehen. Ein paar Tage später rief er mich an und sagte: »Susan, du willst doch wieder singen. Heute kam eine sehr interessante Anfrage für dich rein. Es ging um die Show »The Masked Singer«. Darin treten Prominente auf, die wunderschöne Kostüme tragen und deren Identität durch Masken unkenntlich ist. Ein Ratepanel hat die Aufgabe, die Prominenten zu erraten.

Da musste ich nicht lange überlegen. Gesangsunterricht gab es obendrauf, und ich konnte das machen, worauf ich gerade am meisten Lust hatte: singen.

Der Kreis schließt sich

Meine absolute Lieblingsgeschichte, die ich dir in diesem Zusammenhang erzählen möchte, ist aber folgende, und dann sag du mir bitte, ob es Zufälle gibt…

Es war Juni, Sommer in Berlin. Ich war fertig mit meinen Seminaren und mit meiner Sportchallenge und beschäftigt mit der Vorbereitung für »The Masked Singer«. Bei diesem Format ist alles streng geheim, niemand darf wissen, dass du dabei bist. Für mich übrigens auch eine krasse Erfahrung! In unserer Branche lebt ja alles ein Stück weit von dem Kick, die Dinge mit der Öffentlichkeit zu teilen. Hier war es anders, du bist komplett allein mit deiner Arbeit, die du liebst, und auch mit deinem Erfolg, wenn du in die nächste Runde kommst. Keine Presse, keine Likes, keine Smileys, keine Nachrichten, keine Bestätigung von außen. Vielleicht war das meine wahre Challenge bei diesem Job.

Mein zweites privates Projekt war eine Überraschungsparty für Jakob zum 40. Geburtstag. Ich liebe ja Geburtstage, wie du mittlerweile weißt, und nicht nur meinen eigenen. Als Geschenk hatte ich VIP-Tickets für das große »Life Fest« von Gedankentanken (heute Greator) besorgt. Das ist ein Ganztagesevent mit den Top-Speakern Deutschlands. Vor 10 000 Zuschauern in der Münchner Olympiahalle. Da das Event bereits ausverkauft war, hatte ich über meine Agentur Tickets anfragen lassen, und – oh Wunder! – es klappte tatsächlich.

Jakobs Geburtstag war an einem Mittwoch, und am Samstag war schon das »Life Fest«. Er hat sich mega gefreut, da er noch mehr von den Speakern kannte als ich. Jakob schaute schon eine ganze Weile »Gedankentanken« und erzählte mir unter anderem immer wieder von dem Speaker und Bestsellerautor Tobias Beck, den er so großartig findet. Mittlerweile hatte natürlich auch ich einiges von ihm gesehen, gehört und gelesen.

Yeah, Tobi war mit dabei. Und Robert Betz, Bahar Yilmaz, Rüdiger Dahlke, Dieter Lange, Stefan Frädrich natürlich und meine Laura Malina Seiler. Um nur ein paar Namen zu nennen. Was für ein Line-up, und wir das erste Mal bei so was mit dabei!

Ich hatte mich sogar getraut, Tobi Beck über Instagram zu kontaktieren. Ich schrieb ihm, dass Jakob ein totaler Fan ist und ob es die Möglichkeit für ein ganz kurzes Treffen gäbe. Damit wollte ich dann Jakob überraschen. Es klappte, und diese Minuten waren so witzig. Es war quasi ein Fan-Fan-Treffen. Tobi sagte mir immer nur, wie verrückt er das findet, weil seine Frau und er ja meine Fans wären. Tobi und ich sind seitdem in gutem Kontakt, und ich freue mich von Herzen über diese Freundschaft. An dieser Stelle ein großes Dankeschön an dich, lieber Tobi, für dein stets offenes Ohr und deine wertvollen Ratschläge.

Scheiß drauf,
ich mach's einfach!

Einen Tag vor dem Event bekam ich gegen zwölf Uhr mittags einen Anruf von meiner Agentur: Wir würden ja morgen zu dem Event fliegen, nun sei die Moderatorin krank geworden, ob ich spontan übernehmen könnte? Es gab nicht wirklich Zeit, um darüber nachzudenken. Und ich hatte Angst, eine Heidenangst. Aber mein Bauchgefühl schrie so laut Ja, dass nicht mal mein Kopf mit all seinen Bedenken es übertönen konnte.

Drei Stunden später saß ich bereits im Flugzeug. Zuvor hatte ich mir das Line-up mit diversen Informationen zu den einzelnen Speakern ausgedruckt, und nun fing ich an, meine Moderationen zu schreiben. Der erste Speaker, den ich anmoderieren sollte, war Detlef Soost, ich kenne ihn schon viele Jahre. Sein Programm hieß »Scheiß drauf, ich mach's einfach«. Und genau das dachte ich mir, als ich in den Flieger stieg. *Raus aus der Komfortzone und rein ins Abenteuer.* Ich weiß nicht, wann ich zuletzt so aufgeregt war und mich gleichzeitig so lebendig fühlte, voller Vorfreude.

In der Olympiahalle angekommen, sah ich, wie gerade die Technik und das Licht gecheckt wurden. Immer wieder kamen mir Menschen vom Greator-Team entgegen. Alle begrüßten mich freundlich, offen und voller Dankbarkeit. Alle gaben mir das Gefühl, dass überhaupt nichts schiefgehen konnte, dass alles genau richtig war. Dieses Gefühl war absolut ansteckend, und ich wusste, so soll es sein, alles wird gut.

Letztlich konnte ich an diesem langen Tag einfach meine Geschichte erzählen. Denn ich war ja aus demselben Grund da wie die 10 000 Menschen im Publikum. *Wir waren eins.* Und das spürte

ich und auch sie … Wir haben gemeinsam gefühlt, gelacht und auch hier und da ein kleines Tränchen verdrückt. Heute würde ich sogar sagen, dass dieser Tag zu den schönsten beruflichen Erlebnissen meines Lebens gehört.

Mein persönliches Highlight war es, Laura Malina Seiler anzukündigen. Schließlich war sie maßgeblich daran beteiligt, dass ich dastand. Zumindest denke ich das. Ich hatte mich darauf eingelassen, dass mir jemand zur richtigen Zeit die richtigen Fragen stellt, und das war in meinem Fall sie. Danke, Laura.

Zufall, Schicksal oder einfach anziehende Energie?

Übrigens habe ich nach dieser besonderen Veranstaltung noch etwas Verrücktes festgestellt: Ein Jahr zuvor hatte ich schon einmal die Anfrage bekommen, die Moderation beim »Life Fest« zu übernehmen. Ich erinnerte mich noch vage an den Moment, als ich Jakob die Anfrage vorgelesen hatte. Damals sagte ich nur: »Wer sind diese ganzen Menschen? Ich verstehe gar nicht, worum es da geht.« Jakob hingegen war direkt begeistert, schließlich kannte er Greator bereits. Ich, auf meinem absoluten Tiefpunkt, sagte weder zu noch ab. Allerdings trennte ich mich genau in jener Zeit von meiner Agentur, und so verlief die Anfrage im Sande … Als ich einige Monate später auf meinem Weg zurück zu mir selbst erkannte, dass es nicht die äußeren Umstände sind, die unser Glück ausmachen, kehrte ich zu meiner Agentur zurück.

Und nun, ein Jahr später, klingelte an einem Freitagmittag das Telefon und mein Agent sagte: »Du fliegst doch morgen zu dem »Live Fest«? Die Moderatorin ist krank geworden…«

Alles, was sein soll, wird sein, und das Glück findet dich. Manchmal auch über Umwege.

Rosaroter Denkanstoß

Einfach mal machen, es könnte ja klappen. Du musst nicht immer genau wissen, wie das Ziel aussieht, es zeigt sich meistens von selbst. Aber du musst losgehen.

Setz doch mal die

ROSAROTE BRILLE AUF

Ist dein Lieblingsspruch auch: »Irgendwann wirst du wissen, wofür es gut ist«?

Dir passiert etwas – Job weg, Partner weg, oder dein Leben gerät sonstwie komplett durcheinander. In solchen Momenten sagt auf jeden Fall irgendein Freund diesen Satz, oder? Daraufhin sind wir erst mal so richtig genervt. Natürlich wollen wir das nicht hören, und es bringt uns in dem Moment auch keinen Schritt weiter. Seit mir vor über vier Jahren die Geschichte mit meiner Serie *Mila* passiert ist, ging dieser Satz in meinem Kopf hin und her. Wann zur Hölle ist denn jetzt endlich der Moment, in dem ich weiß, warum mir das passiert ist??? Und weißt du was? Es ist genau *jetzt*!

Fangen wir damit an, dass ich mit ziemlicher Wahrscheinlichkeit kein Buch geschrieben hätte. Ich bin ja von Beruf Schauspielerin. Meine Aufgabe ist es, in Rollen zu schlüpfen. Doch eines Tages habe ich erkannt, dass die wichtigste Rolle, die ich jemals spielen werde, ich selbst bin. Und zwar in der Hauptrolle. In meinem eigenen Film – *meinem Leben.* Jeden Tag bekomme ich eine leere Seite meines Drehbuches geschenkt, und ich darf entscheiden, was dort steht. Ich wäre doch total verrückt, wenn ich in meinem eigenen Film nur Komparsin wäre und die Hauptrollen immer andere spielen würden. Ich möchte meine Seiten vollschreiben und mich auch mal *verschreiben* dürfen. Immer mal wieder mein Buch in die Hand nehmen, drin blättern und sagen können: »Mein Leben ist ausgefüllt mit meinen Geschichten.«

Ja, manchmal passiert Unerwartetes. Ein Kaffeebecher kippt um, direkt auf mein Buch – und ich muss alles noch einmal schreiben. Manchmal reißt jemand ein paar Seiten raus. Manchmal kann ich das Buch nicht finden, weil ich es irgendwo liegen gelassen habe. Manchmal bin ich aber auch einfach faul und genieße das Nichtstun, dann male ich vielleicht bloß ein schönes Bild ins Buch hinein. Die Hauptsache ist, dass ich die Autorin bleibe und mir mein Buch immer zurückhole.

Und nun schreibe ich tatsächlich ein »echtes« Buch. *Meine Geschichte.* Und das Verrückte daran ist: Ohne meine Reise, meine Erfahrungen, meinen Schmerz, meine Tiefpunkte gäbe es gar keine Geschichte, die ich erzählen könnte. Das Leben ist nicht gradlinig, und Heldenreisen schon gar nicht. Und wir alle erleben unsere ganz eigene Heldenreise.

Für mich persönlich war das Allerwichtigste die Reise an sich – meine Persönlichkeitsentwicklung. Denn sonst hätte ich mich wahrscheinlich gar nicht mit all diesen Themen auseinandergesetzt. Vielleicht denkst du: Ja und? Wäre dein Leben ohne dieses Wissen so viel schlechter? Also da sage ich ganz laut: Jaaaaaaa! Ich sag dir auch, warum. Oft heißt es, das Leben konfrontiert dich so lange mit demselben Thema, bis du dich der Sache stellst und einen Weg findest, damit umzugehen. Ich hatte dieses Jahr für ein ganz tolles Theaterprojekt unterschrieben, auf das ich mich wirklich freute. »Zwei wie Bonnie & Clyde«, ein Zweipersonenstück im zauberhaften Berliner Schlosspark Theater unter der Leitung des einzigartigen Dieter Hallervorden.

Übrigens, die schönste Sidestory: Am Abend vor dem Vorsprechen im Theater mit meinem Kollegen Jan Sosniok hab ich zum ersten Mal eine Visionsarbeit gemacht. Es war eine Aufgabe aus der Online-Uni: sich abends im Bett den folgenden Tag bis ins kleinste Detail vorzustellen. Wie ein kleines Drehbuch für sich selbst. Ich stellte mir vor, wie ich ganz entspannt aufstehe und überhaupt nicht nervös bin. Wie ich mit purer Vorfreude ins Theater fahre. Ich stellte mir vor, wie wir anfangen zu lesen und Dieter Hallervorden mich nach drei Sätzen unterbricht und sagt: »Genau so hab ich mir das vorgestellt.«

Am nächsten Morgen fuhr ich also mit absoluter Vorfreude ins Theater, und nach dem dritten Satz… Genau Klingt wie 'ne ausgedachte Geschichte, aber verrückterweise ist es genau so passiert. Und so wurde ich für die sehr lustige Figur Bonnie besetzt.

Alles begann ganz toll, die Proben haben Riesenspaß gemacht, wieder wurde die Stadt plakatiert und dann: *Corona.* Jetzt mal ehrlich, damit hat wirklich niemand gerechnet, und es hat uns alle gleichermaßen eiskalt erwischt. Wieder einmal wurde mir gezeigt, dass wir zu keiner Zeit die Kontrolle haben, auch wenn sich mit einem unterschriebenen Vertrag die Zukunft sehr sicher anfühlt.

Vorbei, bevor es angefangen hat. Das Gefühl kam mir bekannt vor. Mein Magen zog sich kurz zusammen. Ich wurde also einmal mehr mit meiner Angst konfrontiert. Der Angst angesichts von Dingen, die ich nicht ändern kann. Doch diesmal war es anders.

Die Kraft des Annehmens

Natürlich war der Schock groß, und natürlich war ich auch traurig. Aber tatsächlich nur ganz kurz. Denn durch mein Wissen und meine Reise während der vergangenen zwei Jahre hatte ich nun ganz viele Tools zur Verfügung. Also Werkzeuge, die ich nutzen konnte. Ich war in der Lage, die Situation von außen zu betrachten, und fiel dadurch erst gar nicht in ein emotionales Loch. Ich hab mir die Sache angeschaut – selbstverständlich durch meine *rosarote Brille* – und eine Entscheidung getroffen.

Annehmen. Und das gilt nicht nur auf beruflicher Ebene sondern auch sonst im Leben, denn *Mila* war ein Spiegel. Erinnerst du dich? Ich habe davon im ersten Kapitel erzählt. *Mila* war ein Spiegel für etwas, das ich nicht anschauen wollte, etwas, das für so viele Dinge in meinem Leben stand. Nämlich Kontrolle.

Ein paar Jahre nach dem Tod meiner Mama hatte ich mich zu einer Therapie durchgerungen, allerdings nur für ein paar Sitzungen. Ich denke, ich war einfach noch nicht so weit. Doch ich erinnere mich an eine Sache, die mir die Therapeutin damals sagte, die nun mehr Sinn ergibt denn je. Sie erkannte ein Muster in allem, was ich ihr erzählte, und sagte, dass der Tod meiner Mama ein Erlebnis gewesen sei, das ich nicht mehr ändern könnte. Ein Erlebnis, bei dem ich absolut gar keine Kontrolle hatte. Sie wurden mir entrissen – meine Mutter und meine Kontrolle.

Seit jenem Moment zieht sich das Thema »Kontrolle« wie ein roter Faden durch mein Leben. Genau wie der innere Kampf gegen Dinge, die ich nicht ändern kann. Und so schickte mir das Leben immer wieder neue Aufgaben und Herausforderungen, damit ich endlich den Prozess des Annehmens lernte. Vielleicht ist das ja unser aller Aufgabe im Leben. Nur hat eben jeder seine ganz eigenen Aufgaben und Geschichten.

Annehmen und *vertrauen*. Möglicherweise ist das der Schlüssel zum Glück? Wer weiß. Ich lebe das Leben ja auch zum allerersten Mal, genau wie du. Daher spreche ich bloß aus meinen Erfahrungen heraus, und für mich ergibt das alles sehr viel Sinn. Fast so, als würde sich endlich ein Kreis schließen.

Corona kam, und ich konnte die Situation annehmen! Wow, kein Kampf. Allein das war für mich ein riesiger Schritt. Und da es mit dem ersten Schritt so leicht ging, war ich direkt offen für neue Dinge. Meine Energiefrequenz fiel nicht in den unteren Bereich. Du erinnerst dich? Wir ziehen immer das in unser Leben, was schon da ist und was wir ausstrahlen. Ich blieb also oben im Bereich von *Liebe, Freude, Zuversicht und Bereitschaft.*

Ich habe entschieden, dass ich äußeren Einflüssen nicht mehr die Macht gebe, über meine Gefühle zu entscheiden. Ja, ich war traurig und sauer. Und das ist völlig in Ordnung. Wir sollten Emotionen nicht unterdrücken, sie müssen auf jeden Fall kurz mal raus. Sie brauchen auch ihren Raum, Gefühle wollen gefühlt werden. Ohne Traurigkeit keine Freude. Wir brauchen die Polarität, die Gegensätzlichkeit, um beide Seiten wirklich zu spüren.

Miniempfehlung am Rande: Kennst du den Film *Alles steht Kopf*? Meiner Meinung nach ist das einer der besten Filme, der auf einfachste Weise erklärt, wie Emotionen im Kopf entstehen und wie unser Unterbewusstsein funktioniert; sogar die Big Five, die Säulen unserer Persönlichkeit, werden darin beschrieben. Ganz großes Kino für die ganze Familie. Und die Kernessenz auch dieses Films lautet: ohne Traurigkeit keine Freude. Kurzum: Wir brauchen Raum für alle Gefühle.

Zurück zum Kontrollverlust. Die ganze Corona-Zeit hat mit uns allen eigentlich genau *das* gemacht. Sie hat uns auf eine harte Probe gestellt. Natürlich sind unterschiedliche Menschen auf ganz unterschiedliche Weisen betroffen, aber eines hatten wir alle gemeinsam: Wir haben die Kontrolle verloren. Und wir alle hatten und haben nur zwei Optionen: *Angst* oder *Vertrauen*. Und bevor wir *vertrauen* können, müssen wir *annehmen*.

Ich bin mir ziemlich sicher, dass ich aufgrund meiner Erfahrungen mit Persönlichkeitsentwicklung mit der ganzen Corona-Sache wesentlich besser umgehen kann. Ich versichere dir, dass ich vor zwei Jahren komplett anders reagiert hätte.

Jakob und ich haben Corona angenommen. Ja, ich gebe zu, die ersten Wochen waren eher wie ein surrealer Film. So viel zu Hause sein, niemanden sehen, kein Körperkontakt zu Freunden und vor allem zu meinem Papa – all das fühlte sich schrecklich an. Am schlimmsten aber war es mit anzusehen, wie sehr meine Schwiegereltern und mein Papa unter dem Kontaktverbot zu ihren Enkelkindern litten. Doch Jakob und ich setzten ganz bewusst unsere rosaroten Brillen auf, und plötzlich sahen wir ganz klar auch wahnsinnig viele positive Seiten an der Corona-Krise. Und auch hier war es die klare Entscheidung *für* die rosarote Brille.

Was hast du in dieser besonderen Zeit gesehen? Was hast du gedacht, was hast du empfunden, was hast du gefühlt?

Mein erstes Gefühl war Entschleunigung. Wollte ich das zu diesem Zeitpunkt? Nein! Ich war gerade auf der Überholspur. Mitten in den Theaterproben und zudem kurz vor der Vertragsunterzeichnung für meinen ersten selbst entwickelten Film. Und dann: Corona. Die Welt hatte auf Pause gedrückt, und niemand wusste, wie lange dieser Zustand dauern würde.

Doch wir haben die Situation angenommen, und die erste Zeit war sogar ganz schön. Wie oft sagt man zu den Kindern: »Dafür haben wir keine Zeit, wir holen das nach«? Und nun war sie da, die Zeit. Ich weiß, dass es für viele schwer war, diese Zeit sinnvoll zu nutzen, zu sehr waren sie in ihre Ängste und Sorgen verstrickt. Aber ich habe auch vieles Unerwartete, Schöne gesehen. Freunde von mir, die gefühlt zum ersten Mal seit Langem aus ihrem Hamsterrad rauskamen und endlich Zeit hatten, ihre jetzige Situation zu überdenken. »Will ich so weitermachen?« »Gefällt mir mein Job, mein Leben?« Andere, die zum ersten Mal ganz viel Familyzeit geschenkt bekommen haben und erst dadurch merkten, wie sehr ihnen das gefehlt hatte. Auch sie haben ihre Strukturen überdacht und wesentliche Dinge verändert.

Ich möchte Corona nicht schönreden. Viele Menschen hat es gesundheitlich oder wirtschaftlich hart getroffen. Aber auch hier erinnere ich dich an die zwei Optionen: Wut oder Neuanfang? In jeder Krise steckt eine Chance. Es geht immer um die Perspektive. Und darum, wie viel Energie du für welche Gedanken verbrauchst. Erinnerst du dich noch an die Geschichte mit dem Vogel und dem Nest? Der eine Vogel ärgerte sich sein Leben lang über den Fluss, der ihm geschadet hatte, während der andere Vogel seine Energie in den Bau eines neuen Nestes gesteckt hat.

Es ist *dein* Leben, deine Energie, deine *Lebenszeit*.

Sonnenschein Susan

Viele, die mich gut kennen, denken vielleicht: »Na ja, Susan war eben schon immer so positiv, das Glas war bei ihr immer halb voll, und *zu jeder Zeit* hatte sie ihre rosarote Brille auf.« Das stimmt auch. So bin ich aufgewachsen. Ohne dass es ausgesprochen wurde, war es anscheinend ein Teil meiner Erziehung; meine Eltern, die mir Türen geöffnet haben, haben meinen Blick für das Positive geöffnet und darauf gerichtet.

Es war aber auch Teil meiner Strategie. Welcher Strategie? Durch das Schreiben an diesem Buch und auch durch meine Coachingausbildung, die ich seit Kurzem bei Greator mache, habe ich mich intensiv mit meiner Kindheit und Jugend auseinandergesetzt. In der Ausbildung fiel oft das Wort »Strategie«. Als Kind suchen wir uns unbewusst eine (Überlebens-)Strategie. Es ist ein sehr tiefes Thema, und ich möchte es gar nicht zu sehr ausführen.

Mir ist dadurch bewusst geworden, dass es meine Strategie war, »die strahlende, immer lachende Susan« zu sein. Kennst du Hape Kerkelings Buch *Der Junge muss mal an die frische Luft*? Da geht es um Hapes Leben und darum, wie er eigentlich durch die Depression seiner Mutter ganz früh die Strategie »Ich bin der lustige Hape« entwickelt hat sowie den Wunsch, dadurch vielleicht seine Familie zu retten. Als ich vor Jahren das Buch las, fühlte ich mich eng verbunden und erkannte erstmals, dass ich es wohl ganz ähnlich gemacht habe. Ich habe die Strategie aber auch immer mehr lieben gelernt – das Im-Mittelpunkt-Stehen, die Aufmerksamkeit, das großartige Gefühl, mich und andere zu erfreuen, indem ich im Alter von sechs Jahren aufstand und mich auf eine Bühne stellte (und damit meine ich auch das Wohnzimmer mit drei Gästen).

ICH FREUE MICH,

wenn es regnet,

DENN WENN ICH
MICH NICHT FREUE,

regnet es trotzdem.

Es ist spannend, sich mit seiner Strategie auseinanderzusetzen. Wenn du Lust hast, denk mal an deine Kindheit zurück. Vielleicht fällt dir etwas auf. Oft entstehen durch Strategien auch Glaubenssätze. Es ist immer gut, da noch einmal näher hinzuschauen. Die meisten unserer Strategien können wir als Erwachsene ablegen, doch wir haben es vielleicht nur deshalb nicht getan, weil uns überhaupt nicht bewusst ist, dass wir sie immer noch leben.

Bei mir war es aber nicht nur das. Vielmehr war ich schon immer verliebt in das Leben, verliebt in die schönen Momente. Die *rosarote Brille* ist meine natürliche Sicht auf das Leben. Voller Begeisterung und Freude. Das war immer da, ganz pur, ganz kindlich. Rückblickend denke ich, dass diese Eigenschaft auch mein Türöffner war in allen Lebenslagen. Meine Energiefrequenz war immer im oberen Bereich. Mein inneres Kind habe ich nie zurückgelassen, es war immer präsent an meiner Seite. Und keine Krise, so schlimm sie auch sein mochte, konnte mir das nehmen. Natürlich hatte ich auch das Glück, Jakob an meiner Seite zu haben, der in den wichtigen Momenten sehr oft etwas Richtiges gesagt hat. Sonst gäbe es ja auch kein *Jakob sagt immer.* Und so habe ich auch in schweren Momenten immer wieder die rosarote Brille aufgesetzt und daran geglaubt, dass alles sein Gutes hat.

Mila hat mich dann eine Zeit lang aus dieser Ebene rausgerissen. Nun könnte man analysieren, warum ausgerechnet diese Geschichte der Auslöser war. Aber eigentlich ist das völlig egal. Denn dieses Erlebnis hat mir die Augen geöffnet. In vielerlei Hinsicht. Es hat ein wenig gedauert, aber so ist es nun mal. Die Absetzung der Serie war ein Tiefpunkt, dem ich mich stellen musste.

Und irgendwann kam der Moment, in dem ich verstand, dass die (Er-)Lösung nicht da draußen ist. Dass niemand an meiner Tür klingeln und mir mein Glück auf dem Silbertablett zurückbringen wird. Es kam der Moment, in dem ich entschied, meinen schweren Rucksack, vollbepackt mit Wut, Hass und Trauer, endlich abzustellen. Er wurde mir einfach zu schwer. Es kam der Moment, in dem ich verstand, dass ich ganz allein entscheiden kann, genau *das* zu tun. Niemand zwingt mich, den Rucksack weiterhin zu tragen. Für diese Erkenntnis bin ich so dankbar.

Und dann war ich zurück. Ich war wieder die Alte. Plötzlich fühlte ich mich leicht. Ich hatte den Mut gehabt loszulassen und hatte nun wieder beide Hände frei. Ich setzte meine rosarote Brille auf, und weißt du, was ich gesehen habe?

Das Silbertablett. Voller Glück. Es stand direkt vor meiner Nase. Immer, jeden Tag. Ich hatte es einfach nicht gesehen. Und mit einem Mal war es da – das Glück. Überall.

Die rote Pille

Hast du den Film *Matrix* gesehen? Er zeigt eine dystopische Welt, in der die Menschen die Realität so sehen, wie sie künstlich erschaffen wurde. Sie geben ihre Schöpferkraft ab und leben ein Leben, das »die Gesellschaft« ihnen vorgibt. Doch es gibt eine rote Pille, und wenn man diese besondere Pille nimmt, sieht man sein Potenzial, seine Möglichkeiten – und ist frei.

Ich finde, die erste Berührung mit der Persönlichkeitsentwicklung ist vergleichbar mit der roten Pille. Ich finde den Vergleich deshalb so cool, weil sich viele Menschen tatsächlich für die blaue Pille entscheiden würden. Diese bewirkt, dass man sein Leben weiter in der Illusion wahrnimmt. Warum würden sie so entscheiden? Natürlich ist Angst der Grund dafür. Angst, aus der Komfortzone rauszugehen. Angst, etwas zu verändern. Die Angst davor, vielleicht sein ganzes bisheriges Leben infrage zu stellen.

Ich kann diese Angst total gut nachvollziehen. Aber ich möchte dich beruhigen. Es passiert nämlich gar nichts, wenn du die rote Pille nimmst. Alles bleibt gleich, nur erhältst du die Macht, viel mehr Alternativen zu sehen. Genauso ist es auch mit meiner rosaroten Brille. Überspitzt ausgedrückt könnte ich auch sagen: Ich bin eine Superheldin, und meine rosarote Brille ist mein Kostüm. Mit ihr bin ich unbesiegbar. Ja, ich weiß, ist ein bisschen übertrieben. Aber verstehst du, worauf ich hinauswill?

Es geht einzig und allein um die Entscheidung. Was willst du sehen? Nimmst du weiterhin die blaue Pille oder probierst du die rote Pille?

Flow

Ich weiß nicht, wie es dir geht, aber ich kann mich richtig gut entspannen, wenn ich weiß, dass zum Beispiel in drei Monaten ein Projekt von mir losgeht. Boah, was geht es mir dann gut. Ich denke sofort: »Ich mach jetzt alles, wofür ich dann keine Zeit mehr habe.« Lesen, Lieblingsserie sehen, schlafen, Sport. Und all das ganz relaxed, einfach weil ich weiß, dass alles gut wird. Kennst du das Gefühl? Bisschen so wie Vorfreude auf den Urlaub, wenn dir in der Woche davor schon alles ziemlich egal ist, einfach weil du weißt: »Nächste Woche liege ich am Strand.«

Und jetzt kommt der Clou. Stell dir mal vor, du könntest immer in diesem Zustand leben. Stell dir vor, das wäre möglich.

Da du mein Buch noch nicht weggelegt hast, gehe ich ganz stark davon aus, dass du damit etwas anfangen kannst und richtig Bock darauf hast, in so 'nem Zustand zu leben.

Vielleicht hattest du auch bereits ein paar Momente beim Lesen, und das Ziel, so ein Leben zu führen, kommt dir nun nicht mehr unrealistisch vor. Sondern mit einem Mal denkst du: Vielleicht ist es ja doch möglich, so zu leben. Vielleicht war es bis hierhin wirklich nur meine eigene Einstellung zum Leben und lag gar nicht an den äußeren Einflüssen. Vielleicht habe ich zu oft die rosarote Brille abgenommen, weil man es mir so beigebracht hat. »Die Welt ist kein Ponyhof«, »Sei doch realistisch«, »Du wirst sehen, diese Positivdenker mit ihrer rosaroten Brille – irgendwann fallen sie auf die Nase!« Schon mal gehört? Oder bist du selbst die Person, die so was sagt?

Hey, ist okay. Zum Glück darf ja jeder denken, was er/sie möchte. Ich hab diese Sätze so häufig gehört, dass ich es nicht mehr zählen kann. Heute weiß ich, dass die meisten Menschen, die solche Dinge sagen, einfach Angst haben. Sie haben kein *Vertrauen.*

Finde den Teil in dir,
wo nichts unmöglich ist,
und verbringe dort mehr Zeit.

Allerdings ändert sich etwas, und ich höre mittlerweile von anderen Menschen viel öfter Dinge wie: »Ach, ich wünschte, ich könnte das Leben so leichtnehmen wie du« oder »Du hast es gut« oder »Wie machst du das bloß? Ich will das auch«. Mein Umfeld spürt wohl, dass etwas dran sein muss an dieser positiven Energie. Hervorgebracht durch die bewusste Entscheidung für *positive Gedanken*. Und die Anziehungskraft, eben genau das ins eigene Leben zu holen – vielleicht ist sie ja doch kein Hokuspokus?

Für mich ist mein Leben ein Ponyhof. Dafür habe ich mich entschieden. Ich habe Verlust erlebt und nicht nur einen. Trauer und Schmerz. Angst und Panik. Sorgen und Wut. So ist das Leben. Aber ich habe mich dazu entschieden, dass die Ereignisse nicht die Macht besitzen, mein restliches Leben zu bestimmen. Schlimm genug, dass ich sie erleben musste; das kann ich nicht mehr ändern. Aber eine Sache kann ich ändern: Ich kann den schweren Rucksack mit all dem Schmerz, der Wut und der Trauer abstellen. Ich muss ihn nicht mein Leben lang mitschleppen. Wie Pippi schon sagte: »Ich mach mir die Welt, wie sie mir gefällt.« Alles andere wäre doch Irrsinn.

Gib jedem Tag die Chance, der schönste deines Lebens zu sein

Kalendersprüche. Ich liebe sie. Und du? Manche finden sie grauenhaft. Ich frage mich dann immer: Warum? Woher kommt die Abneigung? Ich glaube, weil sie Angst machen. Oder Druck aufbauen: Wie soll ich bitte schön jedem Tag die Chance geben, der schönste meines Lebens zu werden? Ich arbeite zwölf Stunden in 'nem beschissenen Job. Habe drei Kinder. Mein Mann hat mich verlassen. Allen geht es besser als mir. Ich hab kein Geld ... Doch so muss es nicht sein! Auch du hast die Chance!

Ich könnte jetzt Geschichten auffahren von dem kleinen Jungen, der in den Slums aufwuchs, an seine Träume geglaubt hat, fleißig war und heute Profifußballer und Millionär ist oder Ähnliches. Aber so weit brauchen wir nicht zu gehen. Schau dich um in deinem Mikrokosmos. Wer inspiriert dich? Was macht die Person anders? Hat sie vielleicht auch drei Kinder, keine Hilfe, und trotzdem strahlt sie? Hat sie eine andere Perspektive? Viele neigen dazu, sich Gleichgesinnte zu suchen. Leidensgenossen. Was für ein schreckliches Wort. Bähhhhhh! Du leidest und willst das auch noch mit jemandem gemeinsam tun? Warum???

Bist du ein Bewohner, eine Ameise oder ein Diamant?

Tobias Beck sagt: »Du bist das Ergebnis der fünf Menschen, mit denen du die meiste Zeit verbringst.« Wir spiegeln uns permanent, das ist so spannend. In Tobis Buch *Unbox your Life* kannst du mehr darüber erfahren. Worüber er auch schreibt, sind verschiedene Menschentypen. Dazu hat er sich ein witziges Modell überlegt, das ich hier nur ganz kurz anreiße.

Zum einen gibt es die *Bewohner*. Das sind Menschen, die sich ständig beklagen und in allem nur das Negative sehen. Bewohner suchen Leidensgenossen. Bewohner sitzen ihre Zeit ab, erkennen in nichts eigene Verantwortung. Und du ahnst es, komischerweise verändert sich in ihrem Leben auch nichts. Sie sind meist schwer damit beschäftigt, sich über alles und jeden zu beklagen.

Dann gibt es die *Ameisen*. Das sind Menschen, meist fleißig, genügsam, bodenständig. Ameisen wollen nicht viel vom Leben, sie wollen vielmehr überleben. Ameisen schauen nicht oft über den eigenen Tellerrand, vielleicht macht es ihnen Angst, vielleicht glauben sie, dass sie dafür nicht gut genug sind. Ameisen bleiben in ihrer Komfortzone. Dagegen ist nichts einzuwenden, aber Riesensprünge passieren auf diese Weise nicht. Ameisen lassen sich wahrscheinlich am stärksten beeinflussen, je nachdem, ob sie nun viel Zeit mit Bewohnern verbringen oder mit Diamanten.

Diamanten sind Menschen, die mehr vom Leben wollen. Sie suchen die Herausforderung. Sie befassen sich viel mit sich selbst und ihren Bedürfnissen, aber auch mit dem, was es darüber hinaus noch gibt. Diamanten suchen andere Diamanten, um sich gegenseitig zu schleifen. Sie fragen sich: Wie können wir am meisten aus der Zeit rausholen? Im besten Fall nehmen sie auf dem Weg nach oben noch ein paar Menschen mit.

Ich steh auf diese Typenanalyse. Bei Tobi kannst du sogar einen Test dazu machen und rausfinden, wer du am ehesten bist. Rate mal, wer ich bin??? Deswegen ist es mir auch eine Herzensangelegenheit, dich mitzunehmen, und im besten Fall geht es dir nach der Lektüre meines Buchs ein bisschen besser als vorher.

Kommen wir zurück zu den fünf Menschen, die am häufigsten um dich sind. Was sind das für Menschen? Tun sie dir gut? Nachdem du Zeit mit ihnen verbracht hast, denkst du dann: »Das war richtig schön, das tat gut«? Oder ist es eher so was wie: »Ich fühl mich total ausgelaugt, so als hätte man mir die ganze Energie geraubt«? Dann sind wahrscheinlich Energievampire am Start. Vielleicht ist dieser Energievampir dein Kollege, dein Chef, deine beste Freundin, dein Bruder, dein Nachbar, dein Partner oder deine Mutter. All das ist möglich, und es ist superwichtig, einen Weg zu finden, der dir ermöglicht damit umzugehen.

Ich habe zum Beispiel aufgehört, diese Menschen um jeden Preis retten zu wollen. Das hat mich lange ganz schön viel Kraft gekostet, und das Witzigste war, oft haben sie mich gar nicht darum gebeten. Ich dachte einfach für mich, dass es doch auch anders ginge und warum sich die Menschen ihr Leben so schwer machten. Aber kennst du das? Du redest und redest, die andere Person hört zu, ist auch hin und wieder einsichtig, aber nichts verändert sich. Da rate ich dir ganz klar: Hör auf!!! Vielleicht ist es noch nicht ihre Zeit. Jeder in seinem Tempo. Und manchmal wollen wir einfach helfen, damit es uns selbst besser geht. Guter Moment, um das mal abzuchecken: Um wen geht es hier eigentlich?

Geben macht glücklicher als nehmen

Es gibt so Tage, an denen läuft's einfach nicht, vielleicht bist du schon mit dem falschen Fuß aufgestanden. Dann ist dir die Kaffeetasse runtergefallen, und vielleicht hast du dir nach dem Duschen den kleinen Zeh gestoßen. AAAAUUUUAAAA. Tage, an denen du denkst, heute geht doch eh alles schief. Vielleicht hat auch irgendwas nicht geklappt, 'ne Absage, 'ne Abfuhr ... und du hast das Gefühl, gute Laune kriegst du auch nicht mehr.

Was mir an diesen Tagen hilft, ist Schreiben. Ich schreibe genau in diesen Momenten meine besten Postings. Warum? Weil ich die Worte eigentlich an mich richte. Ich erinnere mich selbst daran, worauf es ankommt. Aber der schönste Nebeneffekt sind dann die Kommentare. So viele Menschen, die mir schreiben, dass ihnen der Impuls etwas gegeben hat. Dass sie heute Morgen mit schlechter Laune aufgewacht sind und es ihnen nun besser geht. Das sind wundervolle Momente. Ich bin erfüllt von Dankbarkeit, dass ich die Möglichkeit habe, ein kleines Stückchen Glück, Zuversicht oder Hoffnung zu verschenken.

Und diese Möglichkeit hast du auch! Viele meiner Freunde und Bekannten sagen oft zu mir: »Ich würde ja auch so gerne irgendetwas machen, etwas bewegen, Menschen helfen. Aber wer bin ich schon, was kann ich bewegen?« Sie sagen mir, dass ich ja viele Follower habe und deshalb etwas bewegen kann.

Natürlich stimmt das. Ich sehe es mittlerweile sogar als eine Art Verantwortung an. Jahrelang hat es mich beschäftigt, was ich mit dieser Followerzahl machen soll. Ich hatte ja schon erwähnt, dass ich Social Media gerne konsumiere, manchmal auch zu oft. Und ich wollte total gerne dort präsent sein. Allerdings wusste ich lange Zeit nicht, womit.

Ja, ich bin Schauspielerin und Moderatorin. Klar kann ich darüber berichten, mache ich auch nach wie vor. Ich kündige an, wenn etwas mit mir im Fernsehen läuft, oder gebe mal Einblicke hinter die Kulissen. Hmmm, und weiter? Ich hatte Spaß dran und wollte gerne mehr. Aber Influencerin bin ich nicht. Wofür stehe ich?, habe ich mich gefragt. Sport, Ernährung, kochen? Nein. Die meisten wissen es – *ich kann nicht kochen!* Beauty, Mode, schminken? Das bin ich auch nicht. Meine Kinder? Die zeige ich nicht.

Was bleibt? Und ohne es wirklich geplant zu haben, hatte sich das Schreiben entwickelt. Ich schrieb Anekdoten, kleine Geschichten über mich, meine Erlebnisse und meine Erfahrung. Und erhielt große Resonanz und Wertschätzung. Und da wurde mir klar: Ich bin *Sinn*fluencer. Haha, was für ein cooles Wort.

Das ist es. Es fühlte sich richtig an. Ich darf einfach nur ich selbst sein und meine Gedanken teilen. Ich kann auf Projekte aufmerksam machen, die mich bewegen, ich mache unbezahlte Werbung für Dinge, die ich liebe, wie Bücher. Ja, manchmal mache ich auch bezahlte Werbung, allerdings nur für Produkte, die ich auch umsonst posten würde. Das ist meine Devise. Ich möchte allerdings an dieser Stelle sagen, dass ich alle Menschen respektiere, die es anders machen. Auch hier gibt es kein Richtig oder Falsch. Richtig ist das, was sich richtig anfühlt. Dafür leben wir ja in einer Welt, die uns diese Entscheidungen ermöglicht. Jeder darf machen, was sich für ihn persönlich als richtig darstellt! Natürlich solange niemand anders dadurch zu Schaden kommt.

Was mir aber zum Thema Social Media noch am Herzen liegt und was mich echt traurig macht, ist, dass Social Media so häufig überhaupt nicht *social* ist. Zum Glück erlebe ich das nicht auf meinen Kanälen, aber ich bekomme natürlich mit, was teilweise oder eigentlich viel zu oft auf anderen Seiten passiert. Grausam. Ein Grund mehr, dass die Menschen anfangen sollen, ihr eigenes Leben aufzuräumen. Ich bin davon überzeugt, dass es unmöglich ist, so viel Hass, Wut und Neid in die Welt zu schicken, wenn du mit dir selbst im Einklang bist. Stichwort: »Was Hans über Peter sagt, sagt mehr über Hans als über Peter.«

#ReichweiteSinnvollNutzen

Es gab einen Moment in meinem Leben, in dem mir wirklich bewusst wurde, was ich mit meiner Reichweite bewirken kann. Im August 2014 bekam ich eines Abends eine Nachricht von meiner sehr engen Freundin Susi: »Mein Sohn hat Leukämie.«

In dem Moment blieb die Welt für einen Augenblick stehen, und mein Herz hörte kurz auf zu schlagen. Ich erinnere mich genau, wie ich mit Jakob gerade eine Serie schaute, es war gegen 22.30 Uhr. Der Sohn von Susi heißt Carlos und war keine zwei Jahre alt. Es sind Augenblicke wie diese, in denen sich die Relation zu allem komplett verschiebt. Nichts fühlt sich mehr wichtig an. Ich legte mich zu meinen Kindern ins Bett, lauschte ihrem Atem und sog den Duft ihrer Haare ein. Mir liefen die Tränen runter.

Es folgten harte Wochen für Susi und ihre Familie. Unendliche Krankenhausaufenthalte, Chemotherapie, Warten, Hoffen und Beten. Carlos brauchte einen Spender. Einen Knochenmarkspender. Die Chancen sind zwar gering, aber es ist möglich, einen identischen Zwilling zu finden. Auf diese Weise erfuhr ich das erste Mal von der DKMS. Die DKMS ist eine gemeinnützige GmbH. Ihr Ziel ist es, potenzielle Stammzellenspender zu registrieren, um weltweit Blutkrebspatienten durch eine Stammzellentransplantation eine zweite Lebenschance zu ermöglichen.

Am 15. September war Carlos zweiter Geburtstag. Ich erinnere mich, wie ich ins Krankenhaus kam. Ein kleiner Tisch stand da mit ein paar Geschenken, einem Kuchen, und der kleine Carlos ohne Haare pustete die zwei Kerzen aus. Meine Kinder durften ihren Freund nicht besuchen, da Kinder auf der Kinderkrebsstation nicht erlaubt sind. Es war der Moment, in dem ich Susi fragte:

»Können wir nicht irgendwas machen? Kann ich irgendwas tun? Wollen wir nicht an die Öffentlichkeit gehen?«

Ein paar Tage später fiel die Entscheidung, an die Öffentlichkeit zu gehen. Was zugleich bedeutete, dass nicht nur für Carlos gesucht wurde. In dem Moment, in dem sich die Menschen registrieren, kommen sie in eine Kartei, und an jedem Tag könnte das Telefon klingeln, mit der Nachricht, dass sie ein Menschenleben retten dürfen. Und so postete ich ein paar Tage später meinen Aufruf.

Wenn wir die Liebe so schnell verbreiten könnten, wie wir Hass und Negatives verbreiten – in was für einer großartigen Welt würden wir leben!

Er wurde innerhalb von 24 Stunden 32 000 Mal geteilt. Keine drei Tage später hatten ihn an die 4 000 000 Menschen gesehen. Über 3500 Menschen registrierten sich innerhalb von 48 Stunden. Diese Zahlen schickte mir die DKMS zusammen mit einem großen Dankeschön. Ich konnte es kaum fassen, mir fehlten die Worte vor Dankbarkeit und Demut.

Das Hoffen, Zittern und Bangen ging weiter, und es folgten vier Chemotherapien mit großen Ups and Downs. Im Januar dann der erlösende Anruf: »Es gibt einen Spender.« Am 13. Januar fand die Transplantation statt. Der Slogan, mit dem Susi über die DKMS an die Öffentlichkeit ging, lautete: »Carlos möchte in die Schule gehen.« Heute ist Carlos 7 Jahre alt, und im August haben wir gemeinsam seine Einschulung gefeiert. Heute weiß ich, dass allein über meine Aktion 14 Menschenleben gerettet werden konnten.

#ReichweiteSinnvollNutzen wurde ab dem Moment ebenfalls mein Motto. Durch tägliche Schreckensmeldungen sind wir durchlässiger geworden. Was auch in Ordnung und gesund ist. Schlimm wäre es, wenn uns jede einzelne Meldung aus der Bahn werfen würde. Daher versuche ich, eine gute Mischung zu finden mit den Themen, die ich poste. Ich glaube, damit erreiche ich mehr, als wenn ich täglich Aufrufe starten würde. Ich habe ein paar Projekte, die ich unterstütze und in deren Richtung ich etwas positive Aufmerksamkeit zu lenken versuche.

Seit über zehn Jahren engagiere ich mich für *Die Arche*, einen Verein, der Kinder, die unter der Armutsgrenze leben mit Mahlzeiten, Aktivitäten und stets einem offenen Ohr unterstützt. Kürzlich habe ich ein Wochenende lang eine große Krebs-Convention moderiert, die »YES!CON«, eine Veranstaltung von Yes we cancer. Das ist eine App für Krebspatienten und Angehörige, die ihnen hilft, sich zu vernetzen und auszutauschen.

Dieses Event war für mich sehr emotional, natürlich habe ich, wie du weißt, eine Verbindung zu diesem Thema, und wir alle würden lieber die Augen vor Krankheit und Tod verschließen. Aber eines kann ich euch sagen. Man würde vielleicht denken, dass ich über meinen Schatten gesprungen bin und da etwas Gutes getan habe, um dieser Community zu helfen. Klar, stimmt. Aber weißt du was? Im Grunde haben sie mir geholfen. Sie haben mich enorm inspiriert. Denn was wir alle versuchen, über einen langen Zeitraum zu lernen, etwa durch Seminare und Bücher zum Stichwort Persönlichkeitsentwicklung, machen Menschen mit einer Diagnose in einem Crashkurs. Sie haben nämlich gar keine andere Wahl! Entweder sie verbringen den Rest ihrer Tage damit, sauer auf das ungerechte Leben zu sein, und werden im Zweifelsfall noch kränker. Oder sie sind traurig und wütend, weil eine Diagnose natürlich nicht schönzureden ist. Aber dann treffen sie eine Entscheidung. Und zwar entscheiden sie sich für die rosarote Brille. Sie entscheiden sich, Ja zu sagen zum Leben und den Fokus auf Möglichkeiten zu richten.

An dieser Stelle möchte ich einen großen Dank an alle #Mutmacher da draußen aussprechen. Ihr alle, die ihr die sozialen Medien nutzt, um andere zu motivieren und zu inspirieren. Die ihr euch zur Aufgabe gemacht habt, selbst loszugehen, und verstanden habt, wie sinnvoll es ist, andere auf eurem Weg mitzunehmen. Und gerade wir Menschen in der Öffentlichkeit haben viel Macht, die mit Verantwortung einhergeht. Schon Spiderman sagt im Film: »Aus großer Macht folgt große Verantwortung.«

Ob nun im Netz oder im wahren Leben – ich versuche einfach, die Augen offen zu halten und einen kleinen Unterschied zu machen.

DER SEESTERN

Ein junger Mann geht bei Sonnenuntergang den Strand entlang. Er beobachtet vor sich einen alten Mann, der Seesterne aufhebt und ins Meer wirft. Er holt ihn schließlich ein und fragt ihn, warum er das denn tue. Der alte Mann antwortet, dass die gestrandeten Seesterne sterben, wenn sie bis Sonnenaufgang hier liegen bleiben. »Aber der Strand ist kilometerlang, und Tausende Seesterne liegen hier. Was macht es also für einen Unterschied, wenn du dich abmühst?«, sagt der junge Mann. Der alte Mann blickt auf den Seestern in seiner Hand und wirft ihn in die rettenden Wellen. Er schaut den jungen Mann an und sagt: »Für diesen hier macht es einen Unterschied.«

Nächstenliebe

Als ich letzte Woche von Düsseldorf nach Berlin geflogen bin, hab ich eine wunderbare Bekanntschaft mit Annemarie gemacht. Ich kam gerade aus der Toilette, da sah ich die ältere Dame, etwa einen Kopf kleiner als ich, wie sie in die falsche Richtung ging. Ich sagte: »Entschuldigen Sie, da geht es nicht weiter, Sie müssen in die andere Richtung.« Sie drehte sich um und lächelte mich an. Sie bedankte sich und ging mit mir gemeinsam die Treppe runter: »Mit 88 ist man nicht mehr ganz so schnell.«

Da schaute ich sie überrascht an: »88? Und Sie reisen ganz allein? Woher kommen Sie?«

Annemarie erzählte mir, dass sie ihre Tochter, die in Rom lebt, besucht habe. Und nun war sie auf dem Weg nach Hause, nach Hamburg. Sie bat mich zu schauen, wohin sie nun gehen müsste. Auf dem Weg zur Tafel klingelte ihr Telefon. Sie kramte ein kleines Tastentelefon aus ihrer Handtasche und ging ran. Ich hörte nur, wie sie sagte, dass ihr jemand helfen würde, das richtige Gleis zu finden, sie sei jetzt am Bremer Hauptbahnhof. Ich wandte ein, dass wir doch am Düsseldorfer Flughafen seien. Annemarie sah mich nur an und reichte mir das Telefon. Ich beruhigte ihre Tochter – alles in Ordnung, der Flug sei pünktlich, und ich würde Annemarie jetzt zu ihrem Abfluggate bringen.

Eigentlich sollte eine Flugbegleitung sie abholen, aber es war wohl niemand da. Ihr Anschlussflug ging erst in drei Stunden, meiner leider schon sehr bald. Ich ging mit Annemarie zum Kiosk, ein Rätselheft kaufen. Sie machte noch Witze über Frauen auf den Titelblättern und sagte: »Sie müssten da drauf sein«, ohne zu ahnen, dass das gar nicht so unwahrscheinlich wäre. Am Gate unterhielten wir uns noch eine Weile über unsere gemeinsame Heimat Hamburg, gerne hätte ich noch einen Kaffee mit Annemarie getrunken. Wieder rief die Tochter an, und ich versicherte ihr, dass sie nun am richtigen Gate saß. Annemarie sagte, dass ihre Tochter sich immer verrückt mache, dabei käme sie doch sehr gut allein zurecht. »Wir sorgen uns immer um unsere Eltern«, erwiderte ich. Sie zeigte mir noch ein Foto von ihren Liebsten auf ihrem kleinen Handydisplay, und wir lachten zusammen darüber, als ich zunächst Probleme hatte, das Tastentelefon zu entsperren. Immer wieder sagte Annemarie, dass sie mir nicht meine Zeit rauben wollte, woraufhin ich erwiderte, dass ich mich freuen würde, Zeit mit ihr zu verbringen. Zum Abschied schaute sie mir in die Augen und sagte nur: »Danke, Sie sind ein richtiger Schatz.«

Den Rest des Tages lief ich mit einem großen Grinsen durch die Gegend. Diese kleine Begegnung war etwas Besonderes. Wie eine kleine Insel im großen wilden Ozean.

*Es gibt Menschen auf dieser Welt,
die geben dir mit Worten und Gesten
so viel Wertvolles in einem Augenblick,
was andere ein ganzes Leben lang nicht schaffen.*

Ich weiß nicht, ob dir bewusst ist, wie viel so ein kleiner Augenblick wert sein kann. Mal für dich und mal für andere. Heute, in einer Zeit, in der jeder nur noch auf sein Handy schaut – ob im Bus, in der Bahn, beim Laufen durch die Straßen oder überall, wo wir warten –, entgeht uns so einiges. Vielleicht ja die große Liebe, die du nicht bemerkt hast. Oder eine schöne Situation zwischen Menschen, ein schöner Ort. Übrigens spreche ich in diesem Augenblick auch ganz laut mit mir selbst. Ich bin nämlich auch die mit dem Handy. Aber ich übe. Ich übe, das nicht zu sein.

Und es lohnt sich. Es ist ein wundervolles Gefühl, kleine Dinge für andere zu tun. Oder schöne Dinge zu sagen, ein kleines Kompliment an die Kassiererin im Supermarkt. Ein freundliches Lächeln einem völlig Fremden gegenüber kann einen ganzen Tag versüßen.

Alles, was wir besitzen, besitzt irgendwann uns!

Vielleicht geht es dir ja wie mir. In meiner Tasche herrscht Chaos. Zum Glück bin ich nicht die typische Handtaschenfrau, sondern besitze nur etwas drei oder vier Stück im Wechsel. Sonst wäre das Chaos bestimmt größer.

> Jakob sagt immer:
> *Wie es in deiner Handtasche aussieht,*
> *so sieht es auch in deinem Leben aus.*

Das ist natürlich lustig gemeint. Aber ständig suche ich irgendetwas. Und ich habe ein echtes Schlüsselproblem. Ich bin immer auf der Suche nach ihnen. Wir haben zwar extra einen Ort nur für Schlüssel, aber aus irgendeinem Grund ist meiner dort nie zu finden. Gerne nehme ich auch mal beide Schlüssel mit, und Jakob bleibt ganz ohne zurück. Passt jetzt gar nicht zum eigentlichen

Thema, aber mir fällt gerade so eine lustige Geschichte dazu ein, die muss ich dir kurz erzählen.

Es war noch in unserer alten kleinen Wohnung, und ich drehte noch *GZSZ*. Eines Morgens war ich schon um kurz nach sechs aus dem Haus, während Jakob noch weiterschlief. Gegen acht Uhr klingelte es dann an der Tür. Jakob ging im Halbschlaf an die Sprechanlage und hörte nur: »Post, ein Paket für Sie.« Jakob sagte, er solle hochkommen. Er zog sich schnell eine Hose an und ging zurück zur Tür, der Postbote war bereits oben. Als Jakob die Tür öffnen wollte, merkte er, abgeschlossen! Seine verpeilte Frau mit Schlüsselproblem hatte nicht nur beide Schlüssel mitgenommen, sondern auch noch von außen abgeschlossen. Jakob musste dann dem Typen irgendwie verklickern, dass ich ihn »aus Versehen« eingesperrt hätte. Wir müssen wohl nicht darüber reden, dass extra ein Fahrer aus Potsdam den Schlüssel zurückbringen musste, damit Jakob zur Arbeit gehen konnte.

Okay, zurück zum eigentlichen Thema; dachte mir nur, eine witzige Geschichte zwischendurch kann nicht schaden.

Ich würde auf keinen Fall behaupten, dass unordentliche Menschen unglücklicher sind als ordentliche. Definitiv nicht. Ich liebe es ordentlich und bin eigentlich ständig am Aufräumen. Vor allem mag ich es nicht, wenn man Geschirr nicht direkt in die Maschine packt, das Zwischenlagern in der Spüle war mir schon immer ein Rätsel. Aber darum geht es jetzt gar nicht. Vielmehr geht es um Ballast. Ballast in Form von Dingen. Ich hab mich eine ganze Weile mit diesem Thema beschäftigt und festgestellt, dass es ein viel größeres Thema ist, als viele glauben.

Wir verbringen im Verhältnis am meisten Zeit in unseren vier Wänden, und das ist auch der Ort, den wir selbst gestalten dürfen. Dieser Ort sollte deine Ladestation sein, ein Ort, der dir guttut. Oft schieben wir es aber auf, dafür zu sorgen, dass es dort schön ist: »Ach, das räume ich irgendwann mal auf«, »In dieses Zimmer gehe ich kaum noch rein, das muss dringend ausgemistet werden«, »Ich habe nichts zum Anziehen, und trotzdem passt nicht ein Teil mehr in den Schrank«. Kommt dir das bekannt vor?

Ich habe irgendwann meine Leidenschaft fürs Ausmisten entdeckt, und der Effekt war enorm.

Zehn Kilo leichter und nicht mal 'ne Diät gemacht

Schubladen, diese tückischen Dinger. Immer schmeißt man was rein, und selten holt man was raus. Diese typischen Schubladen im Flur oder in der Küche, auch im Büro sind sie häufig zu finden. Du denkst vielleicht: Ach, die ist ja zu, ich sehe das Chaos ohnehin nicht. Aber ich sag dir was: Es macht was mit deinem Unterbewusstsein. Überladene Schränke – überladene Seele. Vielleicht ist da irgendwo dieses schlechte Gewissen, all die Teile viel zu selten zu tragen oder nichts mehr zu finden.

Heute lebe ich ganz klar nach der Devise: »Was mich nicht glücklich macht, kann weg.« Schau dir die einzelnen Teile an, und wenn sich kein glückliches Gefühl in dir ausbreitet (und bitte nicht verwechseln mit »Das war damals so teuer, das kann ich nicht wegtun«), dann raus damit! Flohmarkt mit Freunden macht Riesenspaß, oder Kleiderspenden, das tut doppelt gut. Du hast dich gelöst und Freiraum geschaffen und anderen auch noch eine

Freude gemacht. Heute fühle ich mich leichter und hab dadurch auch eine viel größere Wertschätzung und Bindung zu meinen einzelnen Lieblingsteilen, denn sie sind ja alle meine Lieblinge.

Und genau wie in deinem Kleiderschrank kannst du auch in dir drinnen aufräumen. Mach auch dort den Check, vielleicht gibt es eine Parallele? *»Wie innen – so außen.«* Du siehst, es gibt viele Möglichkeiten für Glück, jeden Tag. Wir müssen eben nur bewusst die rosarote Brille aufsetzen und unseren Blick auf die *Möglichkeiten* richten!

Angst ist kein guter Ratgeber, sich die richtigen Fragen zu stellen, schon

Wir bewegen uns langsam Richtung Ende meines Buches. Du bist noch da, und das macht mich enorm glücklich. Ich stelle mir vor, wer du bist, was deine Geschichte ist und mit welchen Gefühlen du gerade liest. Hat mein Buch dich gefunden? Hast du ein kleines Stückchen *rosarotes Glück* mitgenommen?

Ich verrate dir was. Die letzten Monate waren unfassbar aufregend für mich. Die Idee, ein Buch zu schreiben, kam ja zu mir, und ich betrachte es als ein unglaublich schönes Geschenk. So saß ich nun an meinem Schreibtisch, Tag für Tag, und schrieb. Ich schrieb all meine Gedanken und Gefühle auf. Machte eine Zeitreise in meine Kindheit, holte andere Erinnerungen hervor dachte an meine Wegbegleiter und wurde erfüllt von großer Dankbarkeit.

Trotzdem hat mir dieses Buch auch eine Heidenangst eingejagt. Wäre es allerdings nicht so, würde doch hier gewaltig was nicht stimmen. Und ich würde lügen, wenn ich behauptete, dass sich meine bösen Stimmen im Kopf nicht zwischendurch gemeldet hätten. Natürlich haben sie das. Sie haben mir in den letzten Wochen eine Menge Fragen gestellt, wie zum Beispiel diese: »Ist das wirklich eine gute Idee mit dem Buch?«, »Wer sagt, dass du plötzlich Autorin sein kannst?«, »Werden es die Leute mögen?« Klar, ich offenbare auf diesen Seiten eine Menge, aber am Ende des Tages ist es nur eine Geschichte. Es ist *meine* Geschichte. So wie jeder von uns seine eigene Geschichte hat.

Man sagt, die Angst sei kein guter Ratgeber. Doch was wir uns fragen können, ist: Was steckt hinter der Angst? Was will sie mir sagen? Und was mach ich jetzt mit ihr?

Die Angst will uns schützen, aber wir sollten uns immer fragen: wovor eigentlich? Meist fürchten wir um unsere Wertschätzung. Wir sind immer auf der Suche nach Liebe und Wertschätzung. Was würde ich also tun, wenn ich der Angst zu viel Beachtung schenke? Kein Buch schreiben? Ist es das wert, es *nicht* zu tun? Bloß aus Angst, es könnte anderen Menschen um uns herum nicht gefallen? Wie oft sind wir genau mit dieser Frage konfrontiert? Und wie viele Chancen sind uns deshalb entgangen?

Ich liebe es, wie Robert Betz dies beschreibt in seinem Buch *Willst du normal sein oder glücklich?*: »Der Normalmensch gibt schon am Morgen seine Macht ab, aus dem Leben etwas Wunderbares zu machen: Er verzichtet auf seine Fähigkeit, zu erschaffen und zu gestalten.« Und ich würde noch hinzufügen: Der Normalmensch verzichtet darauf, sich die richtigen Fragen zu stellen.

Deshalb möchte ich dich hier an zwei wichtige Dinge erinnern, die ich auf meiner Reise gelernt habe: *Glaube nicht alles, was du denkst,* und *hinterfrage unbedingt deine Ängste und Sorgen.*

Doch wir können die ganze Sache auch einmal umdrehen. Was ist, wenn wir nicht immer nur auf die Angst schielen?

STELL DIR VOR, DIE ZUKUNFT WIRD SUPER UND DU BIST SCHULD!

Es gibt eine tolle Übung, die heißt Kopfstand-Übung. Ich hab sie in einem Webinar mit dem großartigen Duo Christina und Walter Hommelsheim gemacht, die Headcoaches von Greator. Diese Übung ist ein Angriff auf deine täglichen Erfolgsverhinderer.

Nimm einen Zettel und schreibe mal alles auf, was du so tust und auf diese Weise täglich deinen Erfolg verhinderst. Ist nämlich schon fast ein bisschen lustig, was wir so tagtäglich anstellen, um dafür zu sorgen, dass wir *keinen* Erfolg haben.

Dinge wie: zu lange schlafen, ungesund essen, nicht an dich selbst glauben, ängstlich sein, dich klein und unbedeutend, hässlich, faul, unbeachtet oder ungeliebt fühlen.

Und nun mach eine Liste und drehe alle Sätze um. Sie lauten dann zum Beispiel: Ich stehe jeden Morgen eine Stunde eher auf. Ich achte auf eine ausgewogene Ernährung. Ich weiß, was ich will. Ich kann alles schaffen, denn ich glaube an mich. Ich bin selbstbewusst und habe einen Mutausbruch. Ich fühle mich stark und mächtig. Ich bin schön. Ich sprühe vor Tatendrang.

Dann lies dir diese Liste durch und spüre in dich hinein. Was macht die Liste mit dir? Mir zaubert sie schon beim Lesen ein Lächeln ins Gesicht. Du kannst sie dir laut vorlesen oder an deinen Badezimmerspiegel hängen. Der erste Schritt besteht darin, dir erst einmal bewusst zu werden, wie du so durch den Tag gehst. Der zweite Schritt ist es, ein wenig darüber zu schmunzeln, Humor bringt direkt ein wenig Leichtigkeit in das schwere Thema. Und als letztes darfst du einfach mal so verrückt sein und den Spieß für dich umdrehen. Einen Versuch ist es wert, oder?

Bevor du gehst, noch eine Sache …

Ich würde dir gerne etwas schenken. *Deine persönliche rosarote Brille.* Ich glaube zwar, dass du diese Brille schon längst aufgesetzt hast, aber falls nicht, überreiche ich sie dir hiermit.

Zusammengefasst lässt dich die rosarote Brille die Möglichkeiten sehen, die Wunder, die schönen Dinge des Alltags, das kleine Glück und die Liebe. Die rosarote Brille bedeutet: *Ja* zum Leben zu sagen, *Ja* zu Erfahrungen, *Ja* zu dir selbst. Denn du bestimmst über dein Leben. Du entscheidest, was du siehst und was du aus den Dingen machst. Genieße deine Reise!

Dabei werden dir die folgenden drei Fragen helfen. Nimm dir genügend Zeit, um sie ganz in Ruhe und aufrichtig zu beantworten und so, dass es wirklich *für dich* stimmig ist.

- Welche fünf Werte sind dir in deinem Leben am wichtigsten?
- Wenn das Glück die Landeswährung wäre, welche Art von Arbeit würde dich reich machen?
- Stell dir vor, du hast nur noch ein Jahr zu leben. Was an deinem Leben würdest du verändern? Was steht auf deiner Liste an Dingen, die du unbedingt tun oder erleben möchtest? Warum schiebst du sie auf?

Zum Schluss möchte ich dir noch ein Angebot machen. Welches Datum ist heute? Schnapp dir deinen Kalender und trage dir eine

Erinnerung ein – für genau heute in einem Jahr. Nimm an diesem Tag noch einmal mein Buch in die Hand. Blättere darin herum, vielleicht hast du dir ein paar Dinge angestrichen. Es soll dich daran erinnern, dass du allein die Verantwortung trägst. Für deine Gedanken, deine Wahrnehmungen, deine Gefühle und dein Handeln. Du darfst in jedem einzelnen Moment wählen und entscheiden. Nicht über das, was dir passiert, aber darüber, wie du damit umgehst. Worauf willst du in einem Jahr zurückschauen?

Dieser eine Tag, der dein ganzes Leben verändern kann, beginnt jeden Morgen aufs Neue.

Rosaroter Denkanstoß

Das Silbertablett voller Glück ist immer da. Setz die rosarote Brille auf, dann wirst du es sehen.

Über die Autorin

Susan Sideropoulos ist eine erfolgreiche Schauspielerin und Moderatorin. Sie ist mit ihrem Jugendfreund verheiratet, gemeinsam haben sie zwei Söhne. Bekannt wurde Susan durch ihre Rolle der Verena in »Gute Zeiten, schlechte Zeiten«, viele weitere Rollen sowie Moderationen folgten in diversen Serien, Film- und Showformaten. Sie ist ein gern gesehener Gast in Unterhaltungssendungen und gewann unter anderem die Tanzshow »Let's Dance«. Nach einer Lebenskrise hat, wie sie es heute nennt, das Schicksal sie zur persönlichen Weiterentwicklung geführt. Heute moderiert Susan neben ihrer TV-Karriere Events von »Greator«, schreibt Drehbücher und engagiert sich für mehrere soziale Projekte.

MEHR ENERGIE,
MEHR WOHLBEFINDEN!

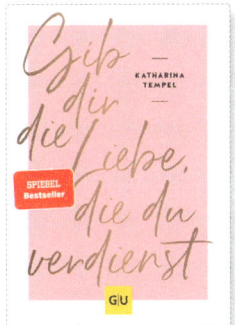

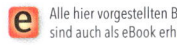

IMPRESSUM

© 2021 GRÄFE UND UNZER
VERLAG GmbH, Postfach 860366,
81630 München

GU ist eine eingetragene Marke
der GRÄFE UND UNZER VERLAG
GmbH, www.gu.de

ISBN 978-3-8338-7821-3

4. Auflage 2021

Projektleitung: Anja Schmidt
Lektorat: Dr. Antje Korsmeier
Korrektorat: Christian Wolf
Umschlaggestaltung und Layout:
ki36 Editorial Design, Bettina
Stickel
Herstellung: Susanne Fuhrmann
Satz: Uhl + Massopust, Aalen
Repro: Longo AG, Bozen
Druck & Bindung:
DZS Grafik, Slowenien

Bildnachweis:
Felix Rachor: S. 118; Patrick
Reymann: S. 202; alle anderen
Fotos: privat

Syndication:
www.seasons.agency

Für die freundlichen Abdruck-
genehmigungen danken Autorin
und Verlag Annett Louisan
(S. 67 f.), Stefanie Kloss, And-
reas Jan Nowak, Johannes Stolle,
Thomas Stolle (S. 75), Silbermond
(S. 167) und dem Herder Verlag
(S. 195).

www.facebook.com/gu.verlag

Ein Unternehmen der
GANSKE VERLAGSGRUPPE